民间文艺版权保护研究

刘德伟 著

黄河出版传媒集团
宁夏人民出版社

图书在版编目（CIP）数据

民间文艺版权保护研究 / 刘德伟著. -- 银川：宁夏人民出版社，2023.12
ISBN 978-7-227-07957-6

Ⅰ. ①民… Ⅱ. ①刘… Ⅲ. ①民间文学－知识产权保护－中国②民间工艺－知识产权保护－中国 Ⅳ. ①D923.4

中国国家版本馆CIP数据核字（2024）第018622号

民间文艺版权保护研究　　　　　　　　　刘德伟　著

责任编辑　管世献　康景堂
责任校对　杨敏媛
封面设计　姚欣迪
责任印制　侯　俊

黄河出版传媒集团
宁夏人民出版社 出版发行

出 版 人	薛文斌
地　　址	宁夏银川市北京东路139号出版大厦（750001）
网　　址	http://www.yrpubm.com
网上书店	http://www.hh-book.com
电子信箱	nxrmcbs@126.com
邮购电话	0951-5052104　5052106
经　　销	全国新华书店
印刷装订	宁夏凤鸣彩印广告公司
印刷委托书号	（宁）0028580

开本	720 mm×980 mm　1/32
印张	7.75
字数	127千字
版次	2023年12月第1版
印次	2023年12月第1次印刷
书号	ISBN 978-7-227-07957-6
定价	45.00元

版权所有　侵权必究

加强知识产权保护
激发民间文艺创新活力

邱运华

在党的二十大胜利闭幕之际,我们隆重召开世界版权大会,共同商讨交流民间文艺知识产权保护事宜,我认为,这是对党的二十大精神的贯彻落实,是贯彻习近平总书记指出的"加快构建中国特色社会科学学科体系、学术体系、话语体系"的有力举措,体现了党和政府以及广大法律工作者对民间文艺的热情关怀和深切爱护,对中华文明、中华优秀传统文化传承保护的高度责任感。

一、致力民间文艺的抢救保护,是中国民间文艺家协会的职责使命

文化是民族的血脉,是人民的精神家园。中华文化

源远流长、灿烂辉煌，中华优秀传统文化积淀着中华民族最深沉的精神追求，代表着中华民族独特的精神标识，是中华民族生生不息、发展壮大的丰厚滋养，是中国特色社会主义植根的文化沃土，是当代中国发展的突出优势，对延续和发展中华文明、促进人类文明进步，发挥着重要作用。自大地湾文化、裴李岗文化、龙山文化和良渚文化发掘出的彩陶器皿、日用生活工具，显示出华夏民间手艺制作的最早成果以来，中国民间手艺已经历经8000多年历史；自《诗经》《楚辞》以来，中国记录民间文学已经有约3000年历史。在中华文化历史长河中先后产生青铜器、钟鼎器皿、礼俗、历法、节气、周易、礼乐、歌谣等，以及金属、纺织、雕刻、编织等工艺制作。围绕生老病死、婚丧嫁娶的礼俗、农事、民居建筑以及民间故事、神话、歌谣、传说等，我国民间文艺薪火相传、生生不息，深深融入中华民族的血脉，深刻影响着中国人的精神世界，是中国传统文化遗产中最基本、最生动、最丰富的组成部分，印刻着中华民族独特的文化记忆和审美风范。

中国民间文艺家协会是党和政府团结联络民间文艺工作者的桥梁和纽带，是广大民间文艺工作者的温馨家园。中国民协与新中国同步同行。1950年3月，我国民间文艺领域的资深专家与著名学者发起成立了"中国民间文艺研究会",由政务院副总理、中国文联主席郭沫若担任首任理事长,钟敬文和老舍任副理事长,周扬、茅盾、郑振铎、田汉、丁玲、艾青等文化艺术名家成为首批理事。自成立起,中国民协就在全国范围内统一组织实施中国民间文艺的收集、整理、传承、保护与研究工作,成为民间文艺抢救、保护、传承、发展与研究的专门机构。郭沫若在成立大会上的讲话中指出,本会组织专家学者开展民间文艺搜集、整理、研究工作的目的是:保护珍贵的文学遗产并加以传播,学习民间文艺的优点,从民间文艺里接受民间的批评与自我批评,从民间文艺里获得最正确的社会史料,发展民间文艺。周扬在开幕词中提出中国民间文艺研究会"今后通过对中国民间文艺的采集、整理、分析、批判、研究,为新中国新文化创作出更优秀的更丰富的民间文艺作品来。"

1987年5月,"中国民间文艺研究会"更名为"中国民间文艺家协会",致力于组织、规划、指导全国性民间文学艺术及民俗文化的考察、采集、保护、传承工作,实施中国民间文化遗产抢救与保护,开展国内外有关民间文化的学术交流、展览展示、民间文艺表演活动,举办民间文艺"山花奖"评奖,保护民间文艺工作者知识产权,全方位推动中国民间文艺事业发展。

建会70年来,中国民间文艺紧跟时代,融入新中国新文化建设之中,投入改革开放和新时代文化建设发展进程,走过了一段坚实的历程。从新中国成立之初,继承发扬延安民间文艺人民性优良传统,发展群众文艺活动;20世纪50年代,努力推进对《格萨尔王》《江格尔》《玛纳斯》三大史诗和民歌、民间故事的抢救整理工作;改革开放以来,大力推进对民间故事、歌谣、谚语三套集成工程,发动群众进行采集、整理和研究;从21世纪开启中国民间文艺遗产的抢救工程,到新时代,实施"中国民间文学大系"和"中国民间工艺集成"两大工程。

70年来,以郭沫若、周扬、茅盾、钟敬文、贾芝、老舍以及冯元蔚、冯骥才等为代表的历代民协领导人,团结全国民间文艺创作者、收集者、研究者和千千万万基层工作者,以人民为中心,传承发展中华优秀传统文化,以高度的文化自觉面对现代化与传统的激烈碰撞,行走田野,默默耕耘,为传承中华民族的匠心文脉做出了坚实的奉献。

二、站在人民立场上,党和政府为民间文艺知识产权保护立法立规

党和政府高度重视知识产权保护工作。我国知识产权保护工作,新中国成立后不久就开始了。1950年,我国就颁布了《保障发明权与专利权暂行条例》、《商标注册暂行条例》等法规,对实施专利、商标制度作出了初步探索。党的十一届三中全会以后,我国知识产权工作逐步走上正规化轨道,先后出台了《中华人民共和国文物保护法》(1982年)、《中华人民共和国著作权法》(1990年)、《中华人民共和国非物质文化遗产法》(2011年)、《传统工艺美术保护条例》(1997年),以及国务院和相关部委出台《世界文化遗产保护管理办法》(2006年)、《国务院关于加强文化遗产保护的通知》(2005年)、《国家级非物质文化遗产保护和管理暂行办法》(2006年)等,特别是党的十八大以来,党中央、国务院站在以人民为中心的立场,把民间文艺和传统文化遗产的知识产权保护工作摆在更加突出的位置,出台了《深入实施国家知识产权战略行动计划(2014—2020年)》、《国务院关于新形势下加快知识产权强国建设的若干意见》、《"十三五"国家知识产权保护和运用规划》等系列决策部署。针对中华优秀

传统文化遗产，党中央、国务院先后发布了《关于实施中华优秀传统文化传承发展工程的意见》(2017年)、《中国传统工艺振兴计划》(2017年)、《关于振兴贫困地区传统工艺助力精准扶贫的通知》(2018年)、《关于支持设立民间文艺作品扶贫就业工坊的通知》(2018年)等。

我国涉及民间文艺的相关法律体系中，最早赋予其民事权利的是1990年9月7日全国人大常委会通过的《著作权法》。其第6条规定：民间文学艺术作品的著作权保护办法由国务院另行规定。但是至今为止，国务院并未制定出专门的民间文学艺术作品的保护办法。虽然国务院未颁布对民间文学艺术作品的著作权保护办法，但是该条文中含有对民间文学艺术作品民事权利的承认，在司法实践中也有法院以此为依据支持了民间文艺作品相关权利人的诉讼请求。

2014年9月，国家版权局起草了《民间文学艺术作品著作权保护条例（征求意见稿）》，提出这一草案本身，就对进一步推进民间文艺知识产权保护的立法工作具有重要意义。

2022年初，国家版权局印发了《版权工作"十四五"规划》，明确"十四五"时期版权工作部署，强调启动并持续推进民间文艺版权保护与促进工作,强调开展民间文艺领域作品登记、宣传推广、版权转化和版权保护工作,选取民间文艺较为集中的部分省市为试点,培育民间文艺版权园区(基地)、示范单位,搭建民间文艺国际版权交易平台,大力发展民间文艺相关版权产业,进一步激活民间文艺领域的版权价值,明确以版权优秀案例、民间文艺保护为突破口,打造一批国外受众愿意听、听得懂的中国版权好故事。这表明,民间文艺版权保护作为一个亟待解决的问题,已经进入倒计时阶段。

习近平总书记高度重视知识产权保护,多次就"一带一路"国际合作中的知识产权保护问题发表重要讲话,作出重要指示。2020年11月30日,习近平在中央政治局第25次集体学习时发表题为《全面加强知识产权保护工作 激发创新活力推动构建新发展格局》的重要讲话,指出要"及时研究制定传统文化、传统知识等领域保护办法"。这一指示体现了习近平总书记对中华优秀传统文化保护的高度关注,也给民间文艺知识产权立法保护、激励创新发展,提供了有力遵循。

我体会,习近平总书记对包括民间文艺在内的中华优秀传统文化的血脉传承、知识产权保护及其创造性转化、创新性发展,有独特系统的思想观点,包括他论述

中华优秀传统文化的独特性、根脉性,论述要及时研究制定传统文化、传统知识等领域保护办法,论述加快构建中国特色社会科学学科体系、学术体系、话语体系等,论述中国法治文化传统。我认为,这是中国特色社会主义文化建设和法治文化建设的有机组成部分,值得深入研究,科学阐释。

三、民间文艺固有的特征决定了立法工作的复杂性

(一)民间文艺是人民群众在日常生活中集体创作的、具有特定区域性的文学艺术,表现了不同区域、不同民族、不同时代的价值倾向、伦理道德、情感趣味和审美情趣,具有鲜明的人民性特征。按照习惯的分类,民间文艺创作一般可以分为民间文学类、民间表演类、民间工艺美术类等类别。民间文学类包括神话、民间歌谣、史诗(很多民族的长篇叙事诗也可包含在里面)、谚语、谜语、俗语、歇后语、民间故事、传说等,很多人认为民间文艺的首要特征是口头性,多是在民间文学这一基础上说的;民间表演类,包括民间说唱、民间小戏、民间舞蹈、民间音乐、皮影以及舞狮、舞龙等民间表演;民间工艺美术类,按照制作材质分,可以分为纸、布、竹、木、石、皮革、金属、面、泥、陶瓷、草柳、棕藤、漆……而按照制作技艺分,则可以分为绘画类、

塑作类、剪刻类、印染类等，民间工艺美术取材于天然材料，使用传统的手工艺，具有浓郁的地方色彩，多与人民群众的日常衣食住行、婚丧嫁娶、四时八节和各类民俗活动密切联系。

学术界一般认为，民间文艺具有集体性、地域性、传承性、变异性特征，民间文艺是劳动人民集体创作的、带有一定的地域性特征、多为家族或民族传承发展，有时候不同家族、不同地区和不同民族对同一种技艺的传承发展有所差异。

但应该特别指出，作为传统民间文学所具有的口头性的首要特征，在民间表演艺术和民间工艺里也普遍存在，在这些类别里传承传授多采用口口相授（例如口诀）的方式进行。

（二）民间文艺的上述分类及其特点为它的知识产权保护确认和立法保护带来相当大困难。不同门类的民间文艺在版权意义上的权益人划分有所不同。例如，民间文学类，有民族集体拥有的，例如民歌、神话、故事等；也有地区拥有的，例如花木兰故事出自河南，长白山传说出自长白山地区等；即使属于集体所有，还有三大史诗的说唱者、记录者、整理者、翻译者等，各个环节有不同的权益人。如何处理集体、民族、地区与具体传承人之间的关系？这是一个问题。民间工艺美术类，例如"泥人张"，在造型、用色等环节有自己专门特点；库淑兰的剪纸，独具想象力，造型上特色鲜明；例如木版年画，杨柳青、朱仙镇、桃花坞等地各有技法和喜好特征，为各地所特有。20世纪末期以来，民间工艺美术繁荣发展，一些著名艺术家创作出令人喜爱的形象，出现不少仿制者，进入市场后，产生了知识产权问题，例如京剧脸谱、泥彩塑、玉雕、石雕、木雕等领域，都出现过类似现象。还有相反的例子，署名某大师的手制作品，却不是亲手制作，而是机器制作的，或别人代工的。民间工艺美术类的情况更为复杂，需要专门、细致研究。民间表演类也有类似情况，例如最近在坊间流传的某歌手指责另一位同样有名的女歌手，都以西部新疆民歌为基础，一人率先改编并首唱，另一位也唱着，还比较受欢迎，前者的改编权益、首唱权益如何受保护？保护到什么程度？等等。

　　知识产权或版权这一理念和实践，是近代资本主义社会的产物，是建立在对个人所有的各类科学成果转化为资本再生产的基础上，带有很明显资本主义性质，而民间文艺的上述集体性、地域性、传承性、变异性特征，则与这一性质不相契合。这使民间文艺的版权保护或知识产权保护工作相当复杂、棘手。

放弃对民间文艺领域立法保护，会导致民间文艺领域资源使用失范，伤害各民族各地区民间艺术家利益，放在国际关系上，则可能危害国家文化安全；简单地借用或套用国际国内现有的著作权法来处理民间文艺版权问题，则会失之于武断粗暴，违背保护发展激励初衷，也影响阻碍民间文艺的健康发展。而目前普遍实施的民间文艺作品传承人保护办法，在注意到一些具有突出个人贡献的同时，似更应关注一些民间文艺作品的集体贡献、集体拥有的特征，更为周全解决进入商业市场过程中的集体利益，否则，反而影响民间文艺活态保护和传承。

四、中国民间文艺版权保护的立法与实践

我国涉及民间文艺的相关法律体系中，最早赋予其民事权利的是1990年9月7日全国人大常委会通过的《著作权法》，其第6条规定：民间文学艺术作品的著作权保护办法由国务院另行规定。但是，至今为止，国务院并未制定出专门的民间文学艺术作品的保护办法。虽然国务院未颁布对民间文学艺术作品的著作权保护办法，但是该条文中含有对民间文学艺术作品民事权利的承认，在司法实践中也有法院以此为依据支持了民间文艺作品相关权利人的诉讼请求。2014年9月2日，国家版权局公布了《民间文学艺术作品著作权保护条例（征求意见稿）》，表明民间文艺作品中的民间文学艺术作品在不久的将来将正式获得国家行政法规层级的私法上的权利。在《著作权法》之后，国务院颁布的《传统工艺美术保护条例》第20条第2款规定：制作、出售假冒中国工艺美术大师署名的传统工艺美术作品的，应当依法承担民事责任。但是该行政法规规制的对象是"中国工艺美术大师"的署名权，其他权利并未得到承认并予以保护。在以后颁发的相关法律、行政法规、行政规章、地方性法规中，有些零星的对民间文学艺术民事权利承认的规定，如《云南省民族民间传统文化保护条例》第8条第2款规定："开展民族民间传统文化活动必须遵守国家法律，不得扰乱公共秩序、侵犯公民合法权益和损害公民身心健康。"第34条规定："违反本条例第八条第二款规定的，给予批评教育，并承担相应的民事责任。"再如：《国家级非物质文化遗产保护与管理暂行办法》第7条第5款规定："保护该项的传承人（团体）对其世代相传的文化表现形式和文化空间所享有的权益，尤其要防止对民间文艺作品的误解、歪曲或滥用。"在全国人大常委会颁布的《民间文艺作品法》第5条规定："使用民间文艺作品，应当尊重其形式和内涵。禁止以歪曲、贬损等方式使用民间文艺作品。"最高人民法院发〔2011〕18号《关于充分发挥知识产权审判职能作用推动社会主义文化大发展大繁荣和促进经济自主协调发展若干问题的意见》在第9条、第10条、第11条中明确规定了对民间文艺作品坚持尊重原则、来源披露原则、知情同意和惠益分享原则，并提出综合运用《著作权法》《商标法》《专利法》《反不正当竞争法》等多种手段，积极保护民间文艺作品的传承和商业开发利用，等等。

但是上述各种层级的法律对于民间文艺民事权利的确认都是笼统的、原则性的，而且是零散的。可以说，在1990年之前，我国没有任何法律承认民间文艺作品可以成为民事权利客体保护的对象。1990年《著作权法》颁布之后至今，法律上开始承认民间文学艺术的民事权利，但是在实践中，民间文艺的民事权利由于立法上的笼统性、原则性和零散性导致其在司法适用上的困难，故而民间文艺的相关主体难以保护自己的合法利益。恰如"秦失其鹿，天下共逐之"，民间文艺在法律上没有被确认为权利，就如无主之物一样，任何人都可以无限制占用、使用。

五、民间文艺知识产权保护的基本原则

当下，在全社会各领域知识产权意识普遍增强的背景下，民间文学艺术作品领域治理显得理念相对滞后，法治和规则意识比较薄弱，法律法规执法依据不甚完善，理念、方式方法、工具手段相对滞后，市场监管能力较弱，监管水平和效能不高，常态化、规范化监管格局尚需进一步建立，需要在战略层面寻找学理支撑与实践探索路径的指引，建立与民间文学艺术作品科学发展相适配的价值、政策和制度体系与能力系统。

民间文学艺术作品治理现代化应包含六个主要目标：

第一，加强抢救保护传承，通过研制民间文艺知识产权保护法规，进一步增强全社会保护中华优秀传统文化的法治意识，推进全面保护祖国优秀文化遗产，保护民间文艺传承地区、创作者集体和个人的合法权益。

第二，践行"双创"理念，通过研制民间文艺知识产权保护法规，推动民间文艺事业创造性转化、创新性发展，推进民间文艺产业持续健康快速发展，引领民间文艺事业和产业向法治化、规范化发展，实现治理现代化。

第三，增强文化自信自强，通过研制民间文艺知识产权保护法规，护航中华文化走出去，创作出文化底蕴深厚、类型丰富、形式多样的优秀作品，创新创造具有国际风范的民间文艺优秀作品，向世界展现可信、可爱、可敬的中国形象，用情、用力讲好中国故事，持续扩大中华文化核心价值的感召力和影响力。

第四，弘扬中华美学精神，通过研制民间文艺知识产权保护法规，向全社会宣传有传承、更精湛的承载中国文化精神、人文理念的民间文艺经典，满足人民群众日益增长的精神文化需要，提升幸福感。

第五，健全产业链，通过研制民间文艺知识产权保护法规，使版权成为民间文艺工作者和民间文艺组织的核心竞争力、现实生产力，充分释放民间文艺作品的社会效益与经济效益，引导民间文艺工作者认识版权的价值属性和增值潜力，在高价值区合理合法地从事高价值、高回报的事业，创作更多高品质、高效益和高附加值的民间文艺产品。

第六，通过多元化、现代化的版权手段活化民间文艺资源，以版权授权驱动相关产业跨界，发挥版权在联合、协调社会资源方面的作用，推动民间文艺事业、民间文艺产业向现代化、可持续化方向上发展，在版权服

务经济发展，引领产业转型、助推战略性新兴产业发展上做出新贡献，使版权成为民间文艺作品创造性转化、创新性发展的生命线。

六、版权赋能民间文艺传承发展，激励创新创造

民间文艺的版权保护工作要在全面建设社会主义现代化国家、实现中华民族伟大复兴总体目标下，遵循民间文艺发展规律，进行系统化建构。

（一）指导思想：以习近平新时代中国特色社会主义思想为指导思想，贯彻落实新发展理念，深入落实国家知识产权战略中促进知识产权的有效创造、发展、管理和保护的要求，打通版权创造、运用、保护、管理和服务全链条，全面开启版权强国建设新征程。

（二）基本目标：通过版权体系建设，更好地保护民间文艺的权益，更有力地推进民间文艺服务社会主义文化强国建设，更好地实现民间文学艺术作品的文化、经济、社会、政治功能，增强文化自信自强，增强国家文化软实力和中华文化影响力，推动中华优秀传统文化走出去，为构建人类命运共同体贡献中国力量和中国智慧。

（三）主要机制：一是建立源头保护机制，加强民间文艺版权保护前移，加强民间文艺版权鉴证溯源与管

理，加大对民间文艺工作者保护、管理、运用版权的指导力度；二是建立品牌培育机制，倡导原创，以知识产权为驱动，加大民间文艺精品培育力度，培育一批具有较高创新性、识别度、知名度、美誉度的民间文艺精品，积极推进民间文艺品牌、区域文化品牌建设，以自主知识产权为核心，全面实施民间文艺产业的品牌战略，发挥品牌的引领、带动和辐射作用，充分创造社会效益和经济效益；三是建立资源活化机制，打造面向新时代的版权保护、管理、运用生态圈。引导广大民间文艺工作者认识版权的价值属性和增值潜力，在高价值区合理合法地做高回报的事，通过版权手段的运用，活化民间文艺资源，使版权成为民间文艺作品创造性转化、创新性发展的生命线，成为民间文艺工作者和民间文艺组织的核心竞争力、现实生产力；四是建立创意转化、产业融合机制，培育一批具有自主知识产权的主导产品和核心技术，形成一批国家关于民间技艺的技术标准，形成"手艺产权"，在有条件的地区建立以手工艺品为核心的"产权银行"，开放在产权交易、产权国际交流服务、产权成果转化、资质认证、产权托管与拍卖、产权评估等方面的产权贸易。将民间手艺资源知识产权的运用从传统文化贸易拓展到文化创意、文化会展、文化旅游、数字

内容等产业领域，挖掘价值链，提升产业层次和市场竞争力；五是建立合法有序交易传播机制，实现民间文艺作品版权的空间集聚与协同创新，实现民间文艺作品版权归属的契约化、章程化，加强民间文艺作品版权价值评估体系构建，建构合理的利益分享机制，运用大数据、区块链、云计算等新技术，建设国家级文化艺术资源知识产权综合性服务云平台，平台可包括云数据系统（艺术品数据中心）、版权保护系统（确权、鉴证溯源）、智库系统（知识库、政策库、专家智库、法律援助）、开发系统（资源整合、授权开发、品牌战略、促成交易、协同创新）等，促进民间文艺资源的有效配置，推动民间文艺作品合法有序交易传播；六是建立激励奖励创新机制，以鼓励创新，保护原创为出发点，对于在版权保护和管理方面做出突出贡献的个人或单位给予一定形式的奖励和表彰。建立版权侵权违法失信惩戒制度，对于违反法律法规、弄虚作假、侵犯知识产权、给所处行业造成不良影响等行为加以惩处。

民间文学艺术作品版权体系的建设过程，是实现民间文学艺术作品文化、经济、社会、政治功能，是推动中华优秀传统文化"走出去"的重要实践，将进一步凸显中国与世界互动的核心优势，向世界阐释推介更多具有中国特色、体现中国精神、蕴藏中国智慧的优秀文化，展现可信、可爱、可敬的中国形象，在世界鲜明确立中国气派、中国风范。

我们呼吁，文学艺术界要充分尊重民间文艺、关心民间创作权益，形成全社会自觉维护民间文艺工作者权益的高度共识！

（邱运华　中国民间文艺家协会分党组书记、驻会副主席）

（此为作者2022年11月9日在世界版权大会上的发言，有删节）

前　言

民间文化是诞生于农耕文明土壤上的，相对于精英（典籍）文化而言的大众文化。冯骥才先生指出："在人类的文化中，有两种文化是具有初始性的源。一种是原始文化，一种是民间文化。但在人类离开了原始时代之后，原始文化就消失了。民间文化这个'源'却一直活生生地存在。"千百年来，中国浩瀚的国土上诞生了千姿百态的民间文化。民间文化包括民间物质文化形态和非物质文化形态。民间物质文化形态主要包括民居聚落（包括窑洞、海草房、碉楼等），民间生产（农耕和手工作坊）生活（衣食住行）等所涉及的作物、工具、器物，以及民间行当、行业组织等。民间文化的非物质文化形态则主要包括民间文学（如故事、神话、传说、史诗等）、民间表演艺术（如民歌民乐、舞龙舞狮、皮影戏等表演技艺)、民间美术(如剪纸、木版年画、唐卡等)、民间手工制作技艺(如木雕、泥塑、刺绣等)和民俗文化世相(如民间信仰习俗、民间节日习俗、民间礼仪禁忌等)。但是由于种种偏见,历史上民间文化并没有处在与精英文化同等的位置上。民间文化大多凭借着口传心授,以相当脆弱的方式代代相传。

新中国成立后,特别是改革开放以来,民间文化艺术得到党和国家高度重视,社会各界高度关注民间文化的抢救保护和传承发展。当前,我国正处在新的历史起点上,贯彻新发展理念,构建新发展格局,利用版权制度充分保护、开发和利用民间文化资源,对于传承和发展民间文化,促进中华优秀传统文化创造性转化、创新性发展,提升民间文化核心竞争力,提振民间文化发展活力,意义重大。开展民间文化艺术版权保护问题研究工作对于加强民间文艺的知识产权保护,对促进活态传承与创新发展,使中华优秀传统文化活起来、传下去,实现文化繁荣、经济发展、社会进步,满足人民对美好生活的需要,具有基础性、全局性的重要作用。

本书力图对近年来民间文化艺术版权保护进行系统梳理,对民间文化艺术版权保护现状进行综合分析,探究民间文化艺术版权保护在学术研究、立法保护、司

法实践、版权交易等环节存在的问题，并结合相关社会实践，探索民间文化艺术版权保护和应用的方法，从而为增进民间文化艺术版权保护共识，促进民间文化艺术版权保护与利用，保护民间文化艺术作品及创造者的合法权益，保护和激发民间文化艺术创造力，为民间文化艺术资源的创造性转化、创新性发展奠定坚实基础。

目 录

第一章 我国民间文艺作品法律保护概况 …………… 001
 第一节 近年来我国民间文艺作品法律保护基本情况 …………………………… 001
 第二节 全国各地民间文艺版权保护基本情况 …………………………………… 010
 第三节 司法实践中的民间文艺版权典型案例 …………………………………… 011
 第四节 民间文艺版权保护研究概况 …………… 024

第二章 民间文艺作品版权保护的重要性、必要性和迫切性 ……………………………………… 029
 第一节 中国民间文艺作品版权保护的重要性 …………………………………… 029

第二节　中国民间文艺作品版权保护的必要性

　　 ………………………………………… 033

第三节　中国民间文艺作品版权保护的迫切性

　　 ………………………………………… 037

第三章　民间文艺及其版权保护的特殊性 …………… 041

　第一节　民间文学作品的特殊性 ………………… 042

　第二节　民间艺术作品的特殊性 ………………… 044

　第三节　民俗文化的特殊性 ……………………… 046

　第四节　民间文艺作品版权保护的特殊性……… 048

　第五节　民间文艺作品与非物质文化遗产法律

　　　　　保护的区别 …………………………… 050

第四章　民间文艺作品版权保护问题研究…………… 052

　第一节　民间文艺作品创作主体的不确定问题

　　 ………………………………………… 052

　第二节　民间文艺作品著作权的权利客体不明确

　　　　　问题 …………………………………… 056

　第三节　民间文艺作品保护对象分类和范围、

　　　　　期限界定问题 ………………………… 057

　第四节　作品源的保护和流的发展平衡问题…… 057

第五节 财产权保护难问题 ……………………… 058
第六节 诉讼难问题 ……………………………… 060
第七节 维权意识和能力问题 …………………… 064
第八节 关于民间文艺作品版权保护的
不同观点 ………………………………… 065

第五章 《民间文学艺术作品著作权保护条例（征求意见稿）》解析 ………071

第一节 《民间文学艺术作品著作权保护条例》
重点条款解读 …………………………… 071
第二节 制订《民间文学艺术作品著作权保护条例》
的建议 …………………………………… 076

第六章 版权保护与民间文艺传承发展 ……………… 086

第一节 如何运用版权保护传承优秀传统民族
民间文化 ………………………………… 086
第二节 民间文化探源研究与民间文艺版权保护
…………………………………………… 099
第三节 民间文化探源实践中的知识产权保护
…………………………………………… 105

参考文献……………………………………… 112

附　录……………………………………… 114

　　民间文学艺术作品著作权保护条例（征求意见稿）

　　……………………………………………… 114

　　《民间文化艺术版权保护问题研究》课题报告书

　　……………………………………………… 121

后　记……………………………………… 218

第一章
我国民间文艺作品法律保护概况

第一节　近年来我国民间文艺作品
　　　　　法律保护基本情况

1950年,我国就颁布了《保障发明权与专利权暂行条例》《商标注册暂行条例》等法规,对实施专利、商标制度作出了初步探索。党的十一届三中全会以后,我国知识产权工作逐步走上正规化轨道,先后出台了《中华人民共和国文物保护法》(1982年)、《中华人民共和国著作权法》(1990年)、《传统工艺美术保护条例》(1997年)、《中华人民共和国非物质文化遗产法》(2011年),以及国务院和相关部委出台《国务院关于加强文化遗产保护的通知》(2005年)、

《世界文化遗产保护管理办法》（2006年）、《国家级非物质文化遗产保护和管理暂行办法》（2006年）等，特别是党的十八大以来，党中央、国务院站在以人民为中心的立场，把民间文艺和传统文化遗产的知识产权保护工作摆在更加突出的位置，出台了《深入实施国家知识产权战略行动计划（2014—2020年）》《国务院关于新形势下加快知识产权强国建设的若干意见》《"十三五"国家知识产权保护和运用规划》等系列决策部署。针对中华优秀传统文化遗产，党中央、国务院先后发布了《关于实施中华优秀传统文化传承发展工程的意见》（2017年）、《中国传统工艺振兴计划》（2017年）、《关于振兴贫困地区传统工艺助力精准扶贫的通知》（2018年）、《关于支持设立民间文艺作品扶贫就业工坊的通知》（2018年）等。

  我国涉及民间文艺的相关法律体系中，最早赋予其民事权利的是1990年9月7日全国人大常委会通过的《著作权法》，其第6条规定：民间文学艺术作品的著作权保护办法由国务院另行规定。但是至今为止，国务院并未制定出专门的民间文学艺术作品的保护办法。虽然国务院未颁布对民间文学艺术作品的著作权保护办法，但是该条文中含有对民间文学艺术作品民事权利的承认,在司法实践中也有法院以此为依据支持了民间文艺作品相关权利人的诉讼请求。

2014年9月,国家版权局起草了《民间文学艺术作品著作权保护条例(征求意见稿)》,提出这一草案本身,就对进一步推进民间文艺知识产权保护的立法工作具有重要意义。

2022年初,国家版权局印发了《版权工作"十四五"规划》,明确"十四五"时期版权工作部署,强调启动并持续推进民间文艺版权保护与促进工作,强调开展民间文艺领域作品登记、宣传推广、版权转化和版权保护工作,选取民间文艺较为集中的部分省市为试点,培育民间文艺版权园区(基地)、示范单位,搭建民间文艺国际版权交易平台,大力发展民间文艺相关版权产业,进一步激活民间文艺领域的版权价值,明确以版权优秀案例、民间文艺保护为突破口,打造一批国外受众愿意听、听得懂的中国版权好故事。这表明,民间文艺版权保护作为一个亟待解决的问题,已经进入倒计时阶段。

在我国1990年通过的《中华人民共和国著作权法》第6条和2001年修订的《中华人民共和国著作权法》第6条中都规定:"民间文学艺术作品的著作权保护办法由国务院另行规定。"这确认了采用著作权法保护民间

文艺作品的基本原则，但此后经过多年努力，我国仍未出台正式的相关保护条例。虽然2003年提出了《中华人民共和国民族民间传统文化保护法（草案）》，对民间文艺作品作出了保护性的原则性规定，但更为明确和直接的保护民间文艺作品的著作权保护条例仍期待出台。

文化部（现文化和旅游部）早在1993年就将"民间文学艺术作品著作权保护条例"作为部级课题批准立项，并与国家版权局一起组成联合调查组进行"民间文学艺术作品著作权保护条例"的调研论证和起草工作，在此之后，多次举办民间文学艺术法律保护研讨会，借鉴国际条例和世界各国有关民间文艺的相关立法保护情况，探讨我国民间文艺作品的保护方式，经过长期的研讨和研究，文化部、国家版权局于2002年最终完成了《民间文学艺术作品著作权保护条例（征求意见稿）》，但由于种种原因，条例的修改和颁布并没有取得实质性的进展。可以看到，我国对民间文艺作品的著作权保护一直在努力当中，在2003年国务院发布的非物质文化遗产名录名单中也清晰地看到了包括民间文艺作品的分类。《中华人民共和国非物质文化遗产法》出台之后，对民间文艺作品保护条例的推出又作出了进一步推进。

我国法律涉及保护民间文学艺术作品的具体规定

（统计简表）：

序号	法律规范名称	立法通过时间	条文	条文规定的主要内容
1	《中华人民共和国著作权法》	1990年9月7日	第6条	民间文学艺术作品的著作权保护办法由国务院另行规定
2	《传统工艺美术保护条例》	1997年5月20日	第20条第2款	制作、出售假冒中国工艺美术大师署名的传统工艺美术作品的，应当依法承担民事责任
3	《云南省民族民间传统文化保护条例》	2000年5月26日	第8条第2款	开展民族民间传统文化活动必须遵守国家法律，不得扰乱公共秩序，侵犯公民合法权益和损害公民身心健康
4	《国家级非物质文化遗产代表作申报评定暂行办法》	2005年3月26日	第7条第5款	保护该项遗产的传承人（团体）对其世代相传的文化表现形式和文化空间所享有的权益，尤其要防止对非物质文化遗产的误解、歪曲或滥用
5	《国家级非物质文化遗产保护与管理暂行办法》	2006年10月25日	第20条第2款	国家级非物质文化遗产项目的域名和商标的注册和保护，依据相关法律法规执行
	同上	同上	第21条	利用国家级非物质文化遗产项目进行艺术创作、产品开发、旅游活动等，应当尊重其原真形式和文化内涵，防止歪曲与滥用
	同上	同上	第22条	国家级非物质文化遗产项目含有商业秘密的，按照国家有关法律法规执行

续表

序号	法律规范名称	立法通过时间	条文	条文规定的主要内容
6	《关于保护和促进老字号发展的若干意见》	2008年3月31日	第3条第3款	开展老字号知识产权保护。引导和支持老字号企业进行商标注册、专利申请工作，依法加强对老字号企业商标的保护，依法严厉打击侵犯老字号商标权、专利权、著作权及企业名称、商业秘密的行为。引导和支持老字号企业加快在境外商标注册，向老字号企业境外维权活动提供支持。通过各种形式向老字号企业介绍知识产权保护知识，提高保护自主知识产权的自觉性和主动性
7	《中华人民共和国非物质文化遗产法》	2011年2月25日	第5条	使用非物质文化遗产，应当尊重其形式和内涵。禁止以歪曲、贬损等方式使用非物质文化遗产
8	《山西省非物质文化遗产保护条例》	2013年1月1日	第28条	非物质文化遗产代表性项目含有商业秘密的，按照国家有关法律法规执行
9	《最高人民法院关于贯彻实施国家知识产权战略若干问题的意见》（法发〔2009〕16号）	2009年	第14条	加强特定领域知识产权司法保护，有效保护特种资源，维护我国特色优势。根据现有法律规则和立法精神，积极保护遗传资源、传统知识、民间文艺和其他一切民间文艺作品，根据历史和现实，公平合理地协调和平衡在发掘、整理、传承、保护、开发和利用过程中各方主体的利益关系，保护提供者、持有者知情同意和惠益分享的正当权益，合理利用相关信息。加强对传统医药和传统工艺的保护，促进传统知识和民间文艺的发展，推动传统资源转化为现实生产力和市场竞争力，弘扬民族产业优势和地区特色经济优势

续表

序号	法律规范名称	立法通过时间	条文	条文规定的主要内容
10	《最高人民法院关于充分发挥知识产权审判职能作用推动社会主义文化大发展大繁荣和促进经济自主协调发展若干问题的意见》（法发〔2011〕18号）	2011年	第9条	综合运用多种法律手段，积极推动民间文艺作品的保护、传承和开发利用，促我国丰富的文化资源转化为强大的文化竞争力。民间文艺作品是凝聚民族精神、传承民族文化、维护文化多样性、促进社会和谐和可持续发展的重要基础和纽带，是文化创新的重要源泉。本着传承与创新、保护和利用并重的原则，根据现有法律和立法精神，积极保护民间文学艺术、传统知识、遗传资源等民间文艺作品，公平合理地协调和平衡在发掘、整理、传承、保护、开发和利用过程中各方主体的利益关系。坚持尊重原则，利用民间文艺作品应尊重其形式和内涵，不得以歪曲、贬损等方式使用民间文艺作品。坚持来源披露原则，利用民间文艺作品应以适当方式说明信息来源。鼓励知情同意和惠益分享，民间文艺作品利用者应尽可能取得保存者、提供者、持有者或者相关保护部门的知情同意，并以适当方式与其分享使用利益。综合运用《著作权法》《商标法》《专利法》《反不正当竞争法》等多种手段，积极保护民间文艺作品的传承和商业开发利用

续表

序号	法律规范名称	立法通过时间	条文	条文规定的主要内容
	同上	同上	第10条	充分利用著作权保护手段，依法保护民间文学艺术作品。民间文学艺术作品的著作权保护，既要有利于民间文学艺术的传承，发挥其凝聚民族精神和维系民族精神家园的作用，又要有利于创新和利用，提高中华文化影响力。民间文学艺术作品可由产生和传承该作品的特定民族或者区域群体共同享有著作权，该特定民族或者区域的相关政府部门有权代表行使保护权利。对于民间文学艺术作品的保存人和整理人，应尊重其以适当方式署名的权利。利用民间文学艺术的元素或者素材进行后续创作，无需取得许可或者支付费用；形成具有独创性作品的，作者可依法获得完整的著作权保护，但应说明其作品的素材来源。不当利用民间文学艺术作品给特定民族或者区域群体精神权益造成损害的，人民法院可以判令不当利用人承担相应的民事责任

续表

序号	法律规范名称	立法通过时间	条文	条文规定的主要内容
	同上	同上	第11条	有效利用商标法、专利法等法律手段，保护民间文艺作品的商业价值，促进具有地方特色的自然、人文资源优势转化为现实生产力。将民间文艺作品的名称、标志等申请商标注册，构成对民间文艺作品的歪曲、贬损、误导等不正当利用行为损害特定民族或者区域群体的精神权益的，可以认定为具有其他不良影响，禁止作为商标使用；已经使用并造成不良影响的，人民法院可以根据具体案情，判决使用人承担停止使用、赔礼道歉、消除影响等民事责任。民间文艺作品的名称、标志等构成地理标志的，可以视具体情况作为在先权利予以保护。民间文艺作品中的传统知识和遗传资源构成商业秘密的，禁止他人窃取、非法披露和使用。违反法律、法规的规定获取或者利用遗产资源，依赖该遗产资源完成发明创造并获得专利授权，专利权人指控他人侵犯其专利权的，可以不予支持
11	《中华人民共和国宪法》		第4条第2款	国家根据各少数民族的特点和需要，帮助各少数民族地区加速经济和文化的发展
	同上		第22条第2款	国家保护名胜古迹、珍贵文物和其他重要历史文化遗产
12	《中华人民共和国教育法》		第7条	教育应当继承和弘扬中华民族优秀的历史文化传统，吸收人类文明发展的一切优秀成果
13	《中华人民共和国体育法》		第15条	国家鼓励、支持民族、民间传统体育项目的发掘、整理和提高

第二节　全国各地民间文艺版权保护基本情况

近年来，我国部分省（区、市）和地市立法机关对于民间文艺作品的保护纷纷开展了相关法规的制定，如《云南省民族民间传统文化保护条例》《贵州省民族民间文化保护条例》《福建省民族民间文化保护条例》《广西壮族自治区民族民间传统文化保护条例》《湘西土家族苗族自治州民族民间文化遗产保护条例》《宁夏回族自治区民间美术，民间美术艺人、传承人保护办法》，《云南省丽江纳西族自治县东巴文化保护条例》等相关条例和办法。

从我国各地区对于民间文艺作品的条例和办法看出，在我国少数民族聚集的地区对民间文艺作品的保护尤为显得重要，这些地区的保护意识在不断加强，使得对于该类地区出现的使用民间文艺作品和侵害民间文艺作品的实际问题得到相关规范的约束。而拥有这些地区性的保护条例，也是在实践中积累了未来制定我国《民间文学艺术作品著作权保护条例》的经验，看实际中保护的力度和在实际解决纠纷中存在的问题，看具体操作起来存在什么样的困难和缺漏等，使我国长期未出台的民间文艺作品保护机制更为完善地启动，使我国民间文艺作品的使用、传承和延续有序地运转。

第三节　司法实践中的民间文艺版权典型案例

侵权行为频繁发生，涉及民间文艺的方方面面。在中国民间文艺家协会组织的调研过程中，调研人员分赴江西景德镇、广西南宁等地，与当地文联、民协的工作人员、法律专家以及民间文艺家进行了面对面的交流。在交流中我们了解到，多年来，民间文艺领域的侵权行为层出不穷：民间文艺家辛苦创作的文艺作品常被侵权者无偿使用，民间文艺家无法拿到使用费，更无法行使其他相关权利；民间文艺工作者在民间采风基础上记录、整理而成的文艺作品也常被人冒名顶替，他们的权利亦得不到保护。虽然民间文艺家和民间文艺工作者为了维护自己的合法权益，一直坚持与侵权行为作斗争，但是由于无法可依，他们仍然无法阻止肆无忌惮的侵权行为继续发生，也无法阻止自己应有的利益不断流失。侵权行为发生次数之频繁、涉及范围之广，都是相当惊人的。以下是其中一些典型案例。

景德镇是我国著名的"瓷都"，生产陶瓷的历史可以追溯到汉代。随着市场经济的发展,景德镇的陶瓷制品愈发炙手可热,已经形成大规模的陶瓷工业。陶瓷工业的巨大利润带来的后果是该领域侵权行为的时常发生。比如黄世启师徒的"《江南春色》之争"。2006年夏天,景德镇天玉瓷厂黄世启发现昔日的徒弟燕子利用从他那里学来的技术在珍珠釉瓷瓶上作画,画面和他的《江南春色》一样,这些作品都署上了燕子姑父曹文选的名字,并以超低的价格放在曹文选的瓷器店里出售。黄世启认为这种做法侵犯了自己的权益。多次协商未果后,黄世启向景德镇市版权局投诉,并将《江南春色》进行了注册。但燕子只是将她的画稍作改动以示区别,而且每当黄世启有新作面世,燕子就开始仿冒。类似的侵权事件在景德镇屡见不鲜。

剪纸作品的著作权遭受侵犯的案例亦不在少数。1999年底,国家邮政局出版发行了2000年邮政贺年有奖明信片,每套中有5枚来自郭宪1997年公开发表过的剪纸图案,但并未经过郭宪许可,且改变了原作品的名称、图形和寓意,侵犯了郭宪对其剪纸作品的权利。2001年,国家邮政局发行了蛇年生肖邮票,其中的一枚是在白秀娥剪纸作品的基础上修改设计而成的,但此前国家邮政局却只支付了970元的资料费,而没有支付版权费。中国艺术剪纸协会（香港）会长卢雪对蔚县剪纸的侵权事件更是广为人知。2002年，中国民间文艺家协会、香港中国21世纪友好协会联合主办海峡两岸暨港澳以团圆为主题的剪纸大展。蔚县剪纸行业协会副会长兼技术创新部部长任玉德先生的《中华龙》获金奖，但这幅作品却被卢雪改称为《长城龙》并当作自己的作品赠送给澳门特首何厚铧。滨州学院美术系主任刘思智在2003年和2005年分别出版了《黄河三角洲民间美术研究》和《滨州剪纸民俗》两书，其中有200幅照片和5000字涉及抄袭滨州乡土艺术博物馆馆长张洪庆早在1988年出版的《滨州民间剪纸》一书。2010年，已故剪纸名家王子淦的子女发现上海振鼎鸡公司的户外广告、店堂招牌以及橱窗上都有一只红色公鸡剪纸形象，他们认为这一剪纸正是父亲1979年创作的剪纸作品《一唱雄鸡天下白》，因此振鼎鸡公司的公鸡剪纸是对王子淦作品的侵权。

蜡染工艺行业也曾发生过侵权事件。1990年，民间工艺大师洪福远创作了蜡染作品《民族团结、同舟共济》，并发表在2000年第9期《中国科学人》杂志上。2007年，洪福远将该蜡染作品的设计图在贵州省版权局登记注册。即使这样也没能阻挡侵权行为的发生。

2007年，青林海用这幅作品参加由中国家用纺织品工业协会举办的设计大赛并获奖，该作品被中国纺织出版社出版的《东方情缘》一书收录，并标明"参赛者"是青林海。2008年，洪福远发现由青林海、陈华二人作为合伙人，设在贵州的"福达民族工艺坊"复制自己的蜡染作品，并以苗艺文化中心的名义在友谊商店公司租赁摊位进行销售，还将这些侵权作品的照片上传到其网站向公众传播。

在广西，彩调剧、歌舞剧《刘三姐》的主题歌《山歌好比春江水》的署名权也受到了侵犯。1959年，柳州市"刘三姐创作组"拟定彩调剧《刘三姐》剧本方案，其中"曲二"的曲谱以柳州山歌《石榴青》曲谱改编而成，与如今流传的《山歌好比春江水》曲谱几乎一样。"曲二"在剧中出现八次，每次所配歌词不同，其中一次是"唱山歌，这边唱来那边和，山歌好似红河水，哪怕滩险湾又多"，这是《山歌好比春江水》歌词的前身。1960年，广西举行"刘三姐会演大会"，大会根据彩调剧改编了歌舞剧《刘三姐》，还将"山歌好似红河水"改编为"山歌好比春江水"，这首歌至此定型。当年参与这一创作的是宋德祥等文艺界人士，但长期以来，在各种文艺晚会、音像出版物和歌集中，《山歌好比春江水》这首歌曲却大都被标明为"乔羽作词,雷振邦作曲"。为了维护广西文艺工作者的合法权益,宋德祥和区内文艺爱好者何振强等从2006年起就向有关部门写信反映情况,但没有得到圆满解决。2012年8月6日,宋德祥等正式向南宁市中级人民法院递交起诉状。此案在2013年7月以双方达成调解协议告终。尽管如此,在2014年1月23日调研人员与广西民间文艺专家的座谈会上,作为《刘三姐》剧本执笔者之一的包玉堂老先生谈起此案还是余怒未消。在会议上,他为我们详细介绍了这一侵权案的始末,认为《刘三姐》及其主题曲作为广西的文化名片、文化品牌和文化荣誉,是不容侵犯的。在此案调解协议中,乔羽方面表示愿意登报声明《山歌好比春江水》的署名为误署,并对广西艺术家表示敬意。但在座谈会上包玉堂表示艺术家们需要的是乔羽承认侵权、诚恳道歉,并且做出赔偿。包玉堂还表示,虽然乔羽参加创作的电影《刘三姐》片方也承认其是根据彩调剧《刘三姐》改编的,但是新出版的电影光碟中,影片片头依然没有注明是根据彩调剧改编,只在包装盒背面的角落用很小的字体标出。包玉堂认为这是一种投机取巧的侵权行为。

除此之外,民歌领域的著名侵权案例还有《夜了天》

侵权案。原生态壮族民歌《夜了天》是一首世代流传于桂西壮族中的民间歌曲。1955年林长春根据民歌《夜了天》进行改编，并于1961年在《上海歌声》上发表了音乐作品《夜了天来夜了天》。2002年，广西词曲作家梁绍武、何超立受南宁国际民歌艺术节组委会的委托，以原生态民歌《夜了天》为素材，经过提炼、加工，创作了《夜了天》这首歌曲，并在当年民歌节上公演，后来在《南宁广播电视报》上刊载。2007年林长春的9位后人以梁绍武、何超立2人抄袭林长春1961年发表的音乐作品《夜了天来夜了天》，侵犯其著作权为由，向南宁市中级人民法院提起诉讼。但林长春的后人在一审和二审中均败诉，法院的理由是：上述两部作品都是以《夜了天》这首壮族民歌为题材，都是对民族民间音乐的传承，而民间音乐为社会公众共享，任何人都可以利用和加以发挥。

"安顺地戏"案是民间文艺作品侵权案件中比较特殊的一桩，曾在社会上引发广泛的讨论。张艺谋2005年执导了影片《千里走单骑》，其中作为故事主线贯穿影片始终的"云南面具戏"，实际上是贵州安顺市独有的"安顺地戏"。影片中的地戏演员、地戏面具、地戏演出的剧目、音乐、声腔、方言、队形动作等均来白安顺地戏。但是,影片本身以及发布会等公开场合都未表明"云南面具戏"的真实身份,在后期放映和光碟发行阶段也未提及"安顺地戏"。2006年,"安顺地戏"被国务院列入我国第一批国家级非物质文化遗产名录。2010年1月,安顺市文化局(后更名为安顺市文化与体育局)作为非物质文化遗产保护部门,对电影《千里走单骑》的导演张艺谋、制片人张伟平及发行方北京新画面影业有限公司提起诉讼,提请法院判令上述三方为《千里走单骑》侵犯安顺地戏的署名权一事消除影响,同时判令发行方停止发行影片《千里走单骑》。一审法院认为电影使用"安顺地戏"进行一定程度的创作虚构,并不违反我国《著作权法》的规定,因此驳回了安顺市文体局的诉讼请求。安顺市文体局提出上诉,二审法院认为安顺地戏是戏种而非作品,难以得到《著作权法》保护,因此维持一审判决。安顺市文体局局长表示,二审败诉后他们还将提起诉讼,以保护安顺地戏的署名权不受侵犯。

再举几个国内有关民间文艺的典型案例:

四排赫哲族乡人民政府与郭颂等民歌改编纠纷案
基本案情:

《想情郎》是一首世代流传在乌苏里江流域赫哲族中的民间曲调，现已无法考证该曲调的最初形成时间和创作人。该曲调在20世纪50年代末第一次被记录下来。在同一时期，还首次收集记录了与上述曲调基本相同的赫哲族歌曲《狩猎的哥哥回来了》。1962年，郭颂、汪云才、胡小石到乌苏里江流域的赫哲族聚居区采风，收集到了包括《想情郎》等在内等赫哲族民间曲调。在此基础上，郭颂、汪云才、胡小石共同创作完成了《乌苏里船歌》音乐作品。1999年11月12日，中央电视台与南宁市人民政府共同主办了"99南宁国际民歌艺术节"开幕式晚会，郭颂演唱《乌苏里船歌》之前，中央电视台一位节目主持人说："下面有请郭颂老师为我们演唱根据赫哲族音乐元素创作的歌曲《乌苏里船歌》。"在郭颂演唱《乌苏里船歌》之后，中央电视台另一位节目主持人说："《乌苏里船歌》明明是一首创作歌曲，但我们一直以为它是赫哲族人的传统民歌。"南宁国际民歌艺术节组委会将此次开幕式晚会录制成VCD光盘，中央电视台认可共复制8000套作为礼品赠送。北辰购物中心销售了刊载有《乌苏里船歌》音乐作品的有关出版物。出版物上《乌苏里船歌》的署名方式均为："作曲：汪云才、郭颂"。黑龙江省饶河县四排赫哲族乡人民政府认为郭颂、中央电视台、北京北辰购物中心的行为侵犯了其著作权,伤害了每一位赫哲族人的自尊心和感情。故诉至法院。

双方当事人一致同意由中国音乐著作权协会作为本案所涉及作品的鉴定机构,并对本案所涉及的作品进行了鉴定。鉴定结论为:1.《乌苏里船歌》的主部即中部主题曲调与《想情郎》《狩猎的哥哥回来了》的曲调基本相同,《乌苏里船歌》的引子及尾声为创作;2.《乌苏里船歌》是在《想情郎》《狩猎的哥哥回来了》原主题曲调的基础上改编完成的,应属改编或编曲,而不是作曲。

争议焦点:

原告四排赫哲族乡人民政府是否有权以自己的名义提起对赫哲族民间音乐作品保护的诉讼?《乌苏里船歌》音乐作品的曲调是否根据赫哲族民间曲调改编?

裁判要旨:

世代在赫哲族中流传,以《想情郎》和《狩猎的哥哥回来了》为代表的赫哲族民间音乐曲调形式,属于民间文学艺术作品,应当受到法律保护。涉案的赫哲族民间音乐曲调形式作为赫哲族民间文学艺术作品,是赫哲族成员共同创作并拥有的精神文化财富。它不归属于赫哲族某一成员,但又与每一个赫哲族成员的权益有关。该民族中的任何群体、任何成员都有维护本民族民间文学艺术作品不受

侵害的权利。四排赫哲族乡人民政府是依据我国《宪法》和法律的规定在少数民族聚居区内设立的乡级地方国家政权，可以作为赫哲族部分群体公共利益的代表。故在符合我国《宪法》规定的基本原则、不违反法律禁止性规定的前提下，四排赫哲族乡人民政府为维护本区域内的赫哲族公众的权益，可以自己的名义对侵犯赫哲族民间文学艺术作品合法权益的行为提起诉讼。

著作权法上的改编，是指在原有作品的基础上，通过改变作品的表现形式或者用途，创作出具有独创性的新作品。改编作为一种再创作，应主要是利用了已有作品中的独创部分。对音乐作品的改编而言，改编作品应是使用了原音乐作品的基本内容或重要内容，应对原作的旋律作了创造性修改，却又没有使原有旋律消失。根据鉴定报告关于《乌苏里船歌》的中部乐曲的主题曲调与《想情郎》和《狩猎的哥哥回来了》的曲调基本相同的鉴定结论，以及《乌苏里船歌》的乐曲中部与《想情郎》和《狩猎的哥哥回来了》相比又有不同之处和创新之处的事实，《乌苏里船歌》的乐曲中部应系根据《想情郎》和《狩猎的哥哥回来了》的基本曲调改编而成。《乌苏里船歌》乐曲的中部是展示歌词的部分，且在整首乐曲中反复三次，虽然《乌苏里船歌》的首部和尾部均为新创作的内容，且达到了极高的艺术水平，但就《乌苏里船歌》乐曲整体而言，如果舍去中间部分，整首乐曲也将失去根本。因此，可以认定《乌苏里船歌》的中部乐曲系整首乐曲的主要部分。在《乌苏里船歌》的乐曲中部系改编而成、中部又构成整首乐曲的主部的情况下，《乌苏里船歌》的整首乐曲应为改编作品。

赵梦林诉上海灵狮广告有限公司等著作权侵权纠纷案
基本案情：

赵梦林是画册《京剧脸谱》的著作权人，上海灵狮广告有限公司在为上海金丰投资股份有限公司、上海房屋销售有限公司发行的《易居屋讯》设计制作刊载广告中，未经赵梦林的许可，擅自使用《京剧脸谱》中的30幅作品，且在使用中未注明作者的姓名，使用后也未支付费用，赵梦林认为三者的行为严重侵犯了其著作权。

争议焦点：

原告绘制的《京剧脸谱》画册是否属于民间文学艺术作品？原告能否对此主张著作权？即使原告享有《京剧脸谱》一书的著作权，是否享有单个脸谱的著作权？

裁判要旨：

独创性是我国《著作权法》保护的作品必须具备的条件。它是指由作者独立完成创作并区别于其他作品。京剧脸谱艺术与京剧脸谱作品是互有联系而又相互区别的。京剧脸谱艺术的表达方式不是唯一的，而脸谱作品则是艺术家以程式化的脸谱图案为基础，通过再创作而形成的新的美术作品，不同作者根据其不同的创作意图，选择不同的表现方式创作形成不同的脸谱作品，这些作品具有独创性，作者对此应当享有著作权。正基于此，对脸谱作品确认著作权并加以保护，不但不会限制京剧脸谱艺术的继承和发展，反而有利于鼓励京剧艺术家的艺术创作，有利于京剧脸谱艺术的繁荣发展，有利于类似的传统文化遗产的保护。赵梦林采用正脸画法，有选择地对272个京剧人物脸谱进行再创作而形成的美术作品，结集出版后形成本案系争的《京剧脸谱》一书，其中的脸谱作品具有独创性，赵梦林有权主张著作权。

白广成诉北京稻香村食品有限责任公司跑驴纠纷案
基本案情：

北京鬃人是北京特色的民间传统手工艺品，已经获得北京市民间文艺作品认证保护，白广成是北京鬃人仅有的两位传承人之一。自2006年10月至2007年5月，原告独立创作完成了民俗鬃人系列作品，包括原创作品"跑驴"，该作品全国仅此一件。原告拍摄了"跑驴"的照片，并将该照片上传到原告开办的北京鬃人网进行展示。2009年9月29日，原告在北京稻香村食品有限责任公司的直营店购买月饼时，发现在被告销售的北京稻香村"老北京"月饼包装盒和每个月饼小包装上都印有涉案作品"跑驴"，每盒月饼共使用26处。白广成认为未经其许可，未支付使用费，以营利为目的，擅自将原告独自创作的涉案作品"跑驴"作为其月饼包装的一部分，并进行了颜色的修改，获利巨大，侵犯了原告的署名权、修改权、使用权和获得报酬的权利。

争议焦点：

涉案作品"跑驴"是否形成了著作权法上的新作品？被告辩称设计使用"跑驴"图片的行为是对老北京文化的宣传和保护，没有侵犯著作权的故意，也没有获得商业利益的目的，是否应该承担侵权责任？

裁判要旨：

北京鬃人是源于清末、流传于北京地区的特色民间工艺艺术，已被评为北京市民间文艺作品。北京鬃人艺术作为代代相传的手工技艺，本身具有非物质的特性。白广成是北京鬃人艺术的传承人，在吸纳传统工艺和艺术风格的基础上制作完成的"跑驴"作品，是以有形载体形式表现的民间艺术作品。民间艺术作品可以成为知识产权保护的

对象。目前，我国《著作权法》中规定民间文学艺术作品的著作权保护办法由国务院另行规定，但相关保护办法至今并未出台。在此情况下，如民间艺术作品符合《著作权法》上作品的条件，可适用《著作权法》进行保护。

被告在其生产月饼的包装盒上使用了涉案作品"跑驴"，确系自立体三维作品到平面二维作品的使用，属于复制行为。被告未经许可使用原告创作的"跑驴"作品，未署姓名，亦未支付报酬，应承担停止侵害、赔礼道歉、赔偿损失的责任。在赔偿数额的问题上，涉案"跑驴"作品是民间文学艺术作品，其所代表的北京鬃人民间工艺作为民间文艺作品应该予以保护，但民间文艺作品的保护强调的是保存、弘扬和发展。因此，涉案"跑驴"作品在适用《著作权法》保护的同时，必须考虑到鼓励创作和弘扬传统文化之间的平衡。

第四节　民间文艺版权保护研究概况

近年来，民间文艺版权保护领域学术研究非常活跃，各地举办多次专题论坛，学术论文众多。

我国对于民间文艺作品的著作权保护问题的关注，开始于20世纪80年代后期，90年代以后出现研究热潮。

在理论方面，法律界和学术界的相关机构多次召开研讨会，介绍民间文艺作品著作权保护的国际国内经验，讨论我国民间文艺作品著作权保护的方法与前景。与此同时，大量的相关硕士、博士论文出现，奠定了我国民间文艺作品著作权保护研究的理论基础。在实践方面，民间文艺家逐渐意识到保护其作品著作权的重要性和相关利益，在侵权行为发生时，积极搜集证据，寻求有关机构的帮助，诉诸法律维护自己的权益，取得了一定成效。进入21世纪后，研究深度和广度持续增加。

2001年12月18日，由文化部、全国人大教科文卫委员会和国家文物局共同举办的"民族民间文化保护与立法研讨会"在北京召开。会议探讨了保护民族民间文化的理想模式，推动民族民间文化的立法与保护。来自阿尔及利亚、丹麦、埃及、俄罗斯、法国、荷兰、日本、美国、挪威、瑞典和坦桑尼亚等十几个国家和国内有关部门的70余人参加了这次会议。

2008年6月25日，由中国文联维护知识产权工作领导小组办公室和中国民间文艺家协会共同主办的"民间文学艺术作品著作权保护研讨会"在北京召开，国家版权局、国务院法制办的负责人及民间文艺界的专家学者和法律专家出席了研讨会。会议围绕中国民间文学艺

术作品的传承保护、开发利用和繁荣发展等问题，对民间文学艺术作品的著作权保护进行了深入探讨。

2010年1月23日，由国家版权局和中国—欧盟知识产权保护项目（二期）联合主办，中南财经政法大学知识产权研究中心和黑龙江大学知识产权研究中心协办，黑龙江大学法学院承办的"民间文学艺术保护国际研讨会"在哈尔滨召开。来自全国人大、文化部、国务院法制办、国家版权局、中国—欧盟知识产权保护项目、中国社会科学院、相关大学、报刊及司法等部门的60多位专家、学者参加了会议，提交论文20余篇，围绕民间文学艺术保护的立法模式、民间文学艺术保护对象和权利内容、民间文学艺术作品的权利主体和使用管理等议题进行了深入的论证和探讨。

2011年12月5日，中国民协、上海市文联主办，上海民协、上海市文学艺术著作权协会共同举办"中国民间文艺权益保护高峰论坛"。主办单位的领导以及民间文艺研究专家、法律专家和法律从业者，知名艺术家、文艺单位和文化企业代表等60余人出席论坛。与会者围绕民间文艺权利主体的特征与法律地位、民间文艺知识产权的传承与保护、民间文艺的司法保护状况等若干个议题进行主旨演讲和学术研讨。

2013年12月6日,《民间文学艺术作品著作权保护条例》专家论证会在北京召开,会议全面介绍了民间文艺作品的国际国内立法状况,对于民间文艺作品保护中会出现的各种法律问题进行了探讨,对《民间文学艺术作品著作权保护条例》草案进行论证。

2014年,国家版权局在之前论证的基础上起草了新的《民间文学艺术作品著作权保护条例(草案)》,并向社会公开征求意见。中国文联和中国民协于7月31日共同召开了征求意见座谈会。与会的法学专家与民间文艺领域的学者对草案进行了热烈的讨论。国家版权局有关负责人回顾了22年来民间文艺作品著作权保护立法的进程,指出应该尽快制定颁布条例,为我国民间文艺作品著作权的保护提供法律依据。法学专家与民俗学者也认为出台条例对于传统民间文化的保护与发展有着促进作用,并从法律实操角度、民间文艺的专业角度以及法学理论角度对条例(草案)提出了许多中肯的意见。

2022年,国际版权大会在中国召开,民间文艺版权保护研究再起新潮。国家版权保护中心面向社会征集课题研究。起源地(北京)文化传播中心开展了《民间文化艺术版权保护问题研究》专项课题,本书作者作为课题负责人,经过一年多的田野调查、案例调查、集体讨论、学术研究和系统梳理,圆满完成课题报告,并于2023年4月在南京市举办了民间文艺数字化与版权保护专题论坛。

第二章 民间文艺作品版权保护的重要性、必要性和迫切性

民间文艺作品是我国传统文化的重要载体，是国家、民族的重要精神财富。随着现代化进程的到来，民间文艺作品进入市场，经济价值不容小觑。与此同时，民间文艺作品面临着很大的侵权风险和消亡风险。因此，对中国民间文艺作品进行著作权保护，具有重要的意义和必要性、紧迫性。

第一节 中国民间文艺作品版权保护的重要性

一、有利于中国优秀传统文化的抢救保护、传承发展

我国民间文艺作品历史悠久，在塑造民族性格、树

立国民价值观、建立民族认同感等方面起到了重要作用，是我国优秀传统文化的重要组成部分。后羿射日、夸父逐日、大禹治水等神话蕴涵着中华民族对于民族英雄的崇拜；牛郎织女、白蛇、梁山伯与祝英台等传说反映了华夏儿女对于美好爱情的向往；上文提过的《夜了天》《山歌好比春江水》《乌苏里船歌》等曲调表现出不同生产、生活方式下的不同民族的音乐特色；景德镇的陶瓷工艺、全国各地的剪纸工艺，包括新近的丝绵画工艺等也表现出不同地域的审美取向和高超技艺。正如有些专家说过的，我国的民间文艺"蕴涵着中华民族特有的精神气质、思维方式、文化意识"，是中国传统主流价值观和审美观的重要载体。对民间文艺作品的著作权进行保护以后，一方面，民间文艺作品的使用不再是随意的、免费的，从而保护了民间文艺作品权利人的经济权利和精神权利，为民间文学作品的继续保存和创新提供了条件；另一方面，侵权行为将被打击，民间文艺作品在传承发展过程中被歪曲使用的情况也会受到约束。因此，我们今天保护民间文艺作品的著作权，也就是对中华优秀传统文化的宣传和保护，使传统文化在外来文化和侵权行为的冲击下得以留存和传承，也益于国家文化安全。

二、有利于中国文化多样性的保护和发展

从民族构成上来看，我国是统一的多民族国家，五十六个民族共同生活在这片土地上，各自都有着独具特色的文化。以史诗为例，很多少数民族都有长篇史诗，其中藏族英雄史诗《格萨尔》、蒙古族英雄史诗《江格尔》和柯尔克孜族英雄史诗《玛纳斯》被称为"中国三大英雄史诗"。少数民族史诗得以发掘、保护和传播，丰富了我国的史诗体系和民间文学体系。从地域上来看，我国幅员广阔，每个地区的风土人情和文化差别很大。以剪纸工艺为例，可以分为以山西、河北、辽宁、陕西、新疆等地剪纸为代表的北方派和以江苏、浙江、福建、广东、湖北、贵州等地剪纸为代表的南方派，其中各地剪纸又呈现不同风格，对它们进行保护，能够使各具特色的剪纸工艺不被湮没。另外，改革开放以来，外来文化迅速进入我国，形成一股巨大的冲击力，受到最大冲击的是不同民族和不同地域的民间文艺作品，它们甚至被看作是落伍的和过时的，逐渐被人们尤其是年轻人所漠视而退出人们生活的舞台。在这样的情形下，对民间文艺作品的著作权进行保护，可以通过如下途径来保护和发展中国的文化多样性：一方面，将这些所谓"落伍的""过时的"民间文艺作品作为中国本土文化的重

要部分加以留存,再加上现时流行的,以及国外传入的文化元素,构建出中国文化的多样性蓝图;另一方面,对各民族、各区域的民间文艺作品进行保护,有助于保持我国传统文化的民族特色和地方特色,使得中国各民族民间文艺本身呈现多样化的发展趋势,从而使之成为构建中国特色社会主义先进文化的重要组成部分。

三、有利于中国文化软实力的提升

文化软实力是一股无形而强大的力量,是现代社会发展的精神动力和思想支持。文化软实力直接关系到一个国家的国际形象、国际地位和国际影响力。中国是四大文明古国之一,在悠久的历史长河中积累了大量的民间文艺作品,包括民间手工艺作品、民间文学作品、民间音乐舞蹈作品等等,它们无疑是中国文化软实力的重要组成部分。对民间文艺作品的著作权进行保护,有利于保护我国丰富的民间文艺作品资源,彰显我国深厚的文化底蕴。同时,保护民间文艺作品的著作权,能够为我国民间文艺作品走出国门、走向国际市场和增强竞争力提供法律支持。因此,民间文艺作品著作权保护有利于中国文化软实力的提高。以刺绣工艺为例,中国刺绣主要有苏绣、湘绣、蜀绣、粤绣四大门类,均为我国重要的非物质文化遗产。中国刺绣以其精密的针法、精美的图案和鲜明的色彩闻名于世界，成为我国在国际文化交流中的一张重要文化名片。苏州镇湖刺绣"海外行"活动从2013年4月起，途经西安、乌鲁木齐、乌兹别克斯坦、伊朗德黑兰、土耳其伊斯坦布尔、意大利罗马等国家和城市，巡展3个月，我国的刺绣艺术沿着历史悠久的丝绸之路向海外传播。对刺绣作品进行著作权保护，将为我国这张珍贵的文化名片提供法律保障，为它的发扬光大保驾护航。

第二节 中国民间文艺作品版权保护的必要性

一、保护民间文艺作品的价值，维持市场秩序的必然要求

随着市场化的不断发展与完善，民间文艺作品蕴含的商业价值逐渐凸显：一方面，一些门类的民间文艺作品受到追捧，比如景德镇著名工艺美术大师张松茂的作品，在海内外收藏家的热捧下，每件价格高达数十万元；另一方面，日益壮大的旅游业催生了巨大的手工艺品市场，虽然单件手工艺品的价格不高，但手工艺品市场的总交易额却是一个惊人的数字。根据澳大利亚的一个报告，土著人手工艺市场每年的交易额为2亿澳元左右。

这些民间文艺作品借助传统的力量，在现代文化市场中大放异彩，成为促进经济发展的重要因素。在这样的情形下，如果不对民间文艺作品进行著作权保护，其巨额的商业利润将会不可避免地吸引众多侵权者到来，导致假冒伪劣产品大行其道。如此一来，不仅民间文艺作品的商业利润面临被巧取豪夺的风险，甚至整个民间文艺作品的市场秩序都极有可能被扰乱。因此，为了保护民间文艺作品的商业价值不受损害，为了维持商品市场的秩序，保护民间文艺作品的著作权是十分必要的。

二、保证民间文艺作品的正当使用和国家文化安全的必然要求

经济全球化带来了文化一体化，发达国家与发展中国家的文化交流也越来越频繁。但是，由于发达国家在经济、科技以及话语权上的优势地位，他们常常歪曲使用发展中国家的民间文艺资源，并且借口民间文艺作品归属的群体性和公有性而拒绝支付报酬，并进行淡化其他国家传统文化内涵的改编。最著名的例子是1998年美国迪士尼公司出品的动画片《花木兰》。中国传统文化中木兰出于孝道替父从军的文化内涵在该片中被消解，取而代之的是美国式的价值观念。这部曲解中国民间文化内涵、借用中国文化元素吸引眼球的影片，

为美国公司赢得了巨额票房，但是作为文化元素提供者的中国却没有得到任何报酬。在国际文化交流成为常态的21世纪，我们又不能因噎废食地拒绝文化输出，因此，民间文艺作品著作权的保护就显得尤为必要。保护民间文艺作品的著作权，能够保证民间文艺作品被正当合法使用。首先，故意歪曲使用民间文艺作品的行为将被禁止；其次，使用者将会被告知应该如何正当使用民间文艺作品，包括采录、整理、改编等诸环节；再次，民间文艺作品的权利归属将会得到明确界定，非权利人使用民间文艺作品需要支付相应的报酬。

从国际视野来看，民间文艺作品著作权的保护意味着我国的民间文艺作品在国际文化交流中的合法权利将能得到保护，有利于促进国际文化的平等交流。从中国自身的角度来看，我国的民间文艺作品不仅体现了中华民族的民族精神与民族意识，更是我国文化主权的重要载体之一。因此，保护民间文艺作品的著作权也是强调我国文化主权、保证我国国家文化安全的必然要求。

三、打击侵权行为，鼓励文化创新的必然要求

创新是市场经济体制下获得物质利益、促进行业发展的重要方式。但是由于《民间文学艺术作品著作权保护条例》尚未出台，我国民间艺术的创新成果得不到法

律保护，常常被抄袭、复制和无偿使用。这种情况形成了两种后果，一方面，抄袭、复制、剽窃成本低，省时省力且利益可观，因此侵权行为屡屡发生；另一方面，由于侵权行为的肆意猖獗，民间文艺家的创作热情严重受挫、创作动力不足，导致有的民间文艺门类存在日益走下坡路的态势。在调研中，根据宁夏回族自治区民间文艺家协会反馈的情况可以看出，宁夏民间文艺作品著作权保护存在不少问题。比如，在20世纪80年代全国范围内的民间文学三套集成普查工作中，宁夏也做了大量扎实的工作，但是由于经费问题，许多市县的三套集成没有公开出版，只保存了资料本。现在各市县重新出版这些普查成果，但是将署名都换成了如今的地方领导。剪纸领域的侵权现象很普遍：2007年宁夏民间文艺家协会举办的剪纸展中，有人用机器刻出来的剪纸参赛，谎称是自己的手工创作。2014年，银川市兴庆区民间文艺作品中心和宁夏民间文艺家协会共同举办剪纸展，展览成果还在内部出版，后来查出其中有人抄袭宁夏剪纸协会老会长邵德舜的作品，而邵德舜还是这次展览的评审人之一。刺绣工艺也是如此：据称宁夏某刺绣民间文艺作品传承人竟然将市场批发来的产品当作自己的作品，参加各种展览，赚得盆满钵满。剽窃他人作品，或者将机器生产的产品当作手工工艺品，都未付出创造性劳动，就能攫取物质利益，而法律监管体系的缺乏，使得这些明目张胆的"不劳而获"或"少劳多获"的侵权行为愈演愈烈。因此，民间文艺作品的著作权保护尤为必要。《民间文学艺术作品著作权保护条例》的出台能够有效地遏制和打击侵权者的违法行为，为民间文艺家的创作和创新提供法律保障。因此，民间文艺作品的著作权保护是打击侵权行为、鼓励文化创新的必然要求。

第三节 中国民间文艺作品版权保护的迫切性

一、濒临失传的民间文艺门类亟待挽救

正如上文所述，现代社会的高度市场化使得某些民间文学艺术的门类快速发展起来，并产生了巨大的商业价值。但与此同时，也正因为市场的选择，另一些民间文学艺术门类由于不容易获利而遭到冷落，甚至到了后继无人、即将消亡的地步。湖南省江永县及其附近地区流传的"女书"是世界上唯一的女性文字，但它的唯一传人杨换宜早在2006年就瘫痪在床；高密地区的民间绝活"扑灰年画"如今只掌握在一些老人手里，年轻人

并不愿意学。这些入选国家级非物质文化遗产名录的民间文艺门类尚且如此，更不用说那些尚未入选的，存在于偏远地区的民间文艺门类了。有学者认为，民间文艺作品的持有者无法从中获利，且民间文学艺术长期以来不为主流社会所认同，致使如今的很多年轻人拒绝继承传统的民间文学艺术，宁愿外出打工，选择投靠大都市、投入现代文明，以争取获取经济收益的机会，从而放弃在传统生活环境中，以传统方式学习民间文学艺术。年轻一代缺乏传承意识固然是民间文艺作品迅速消亡的原因之一，但更重要的原因还是在于我国对民间文艺作品的保护力度不够，使其原有的价值不能在新的环境中完全体现。我国民间文艺作品的迅速消亡敦促我们必须争分夺秒地开展对民间文艺作品著作权的保护工作，以保证民间文艺各门类能够彰显它固有的社会和经济价值，做到后继有人，使之得到很好地继承和持续发扬光大。

二、司法实践中无法可依的僵局亟待打破

由于《民间文学艺术作品著作权保护条例》尚未正式颁布，目前的民间文艺作品侵权纠纷的处理情况比较复杂。原因是涉及民间文艺作品的司法实践陷入了无法可依的僵局。由于无法可依，民间文艺界的许多侵权行为最终不了了之；即使进入了诉讼程序，也只能勉强往现有的法律上靠，维权的理论基础非常薄弱。我们搜集到的大部分案例中，侵权纠纷的审判都是依据《中华人民共和国著作权法》，但由于许多民间文艺作品不符合其中"作品"的定义，因而面临败诉的结局，"安顺地戏"案即是如此。另一些民间文艺作品即便能勉强归到"作品"中，由于民间文艺作品的特殊性，最终的审判结果也不理想。如果从《中华人民共和国著作权法》颁布开始算起，民间文艺领域的侵权纠纷无法可依的局面，已经持续了三十多年，我国民间文艺作品的保护进度远远落后许多发展中国家。迅速打破这一僵局，切实有效地保护我国的民间文艺作品，已成当务之急。

三、民间文艺家的切身利益亟待保护

随着文化体制改革的深化，不少非经营性文化事业单位改制为文化企业，使得原来的"单位人"变成"社会人"；民营艺术团体和自由职业者也越来越多。这种状况在民间文艺领域尤其突出。民间文艺领域的一个重要特点是，民间文艺家大多是个体，不属于某个单位。这种状况给民间文艺作品著作权的保护带来困难，因为个人的力量和精力有限，应对来势汹汹的侵权行为显得势单力薄，维权难以取得实质性进展。在保护民间文艺家的利益方面，近年来，有一些成功的探索。改革开放以来，民间文艺界出现了很多"北漂一族"，即为了更好地进行民间文艺作品的创作，而移居到北京等大城市的民间文艺家。他们相比较于当地民间文艺家来说，遭受侵权的可能性更大，同时维权力量却更为薄弱。各地民间文艺家协会在这方面对他们的帮助无疑是雪中送炭。从2009年起，北京民间文艺家协会向优秀"北漂"民间文艺家敞开大门，在京长期生活工作的非北京户籍文艺家都可以申请入会。来自内蒙古的剪纸艺术家孙二林十多年前来到北京，积极参与北京民间文艺家协会的活动，在这个平台上，她获得了多次走出国门的机会，艺术上获得了长足的发展。民间文艺家协会将"北漂"文艺家吸收入会，如果他们的作品被侵权，民间文艺家协会就成为他们的坚强后盾。借助集体组织的力量，民间文艺家能够更加高效地维护自己的合法权益。但是并不是所有的民间文艺家都这么幸运，大部分民间文艺家还是在单枪匹马地战斗。他们的切身利益正在被肆无忌惮的侵权者所侵犯，他们急需法律、制度保障和相关机构的帮助，以持续有效地保护自己的合法利益。

第三章　民间文艺及其版权保护的特殊性

民间文艺是人民群众在日常生活中集体创作的、具有特定区域性的文学艺术，表现了不同区域、不同民族、不同时代的价值导向、道德规范、情感取向和审美情趣，具有鲜明的人民性特征。民间文学艺术作品则是在民间文学艺术传统的基础上加工而成，是民间文学艺术的展示形态，作为民间文学艺术的某种载体和具体表现方式存在，是中华传统文化的重要组成部分，反映了特定群体在生产生活中思想情感的表达和多样文化的传承。一般来说，民间文艺分为民间文学、民间艺术、民俗文化三个主要类型。

第一节　民间文学作品的特殊性

民间文学是指人民群众口头创作、口头流传并不断地集体修改、加工的文学。包括神话、民间传说、民间故事、歌谣、长篇叙事诗以及小戏、说唱文学、谚语、谜语等体裁的作品。中国民间文学是多民族的民间文学，各民族的民间文学存在着相互交流、互相影响的现象。我国是统一的多民族国家。汉族人口数量多，文明发展也较早。但它一开始就不是单一的民族，在历史发展中才形成了统一的民族。在它的整个文化形成中，也包含着本来各自独立的又各具特色的文化成分。同时在汉族本身的融合、发展中，和许多周围的民族在文化上互相影响和互相促进。因此，汉族的民间文学，与各民族民间文学相互交错、联接。特别是民族间接触较早或居住交错、毗邻的民族产生的影响痕迹更为显著。各民族民间文学的相互接受大都是以自己民族的生活和文化为基础，进行选择、取舍、改造、加工。

民间文学是广大人民群众长期生产生活的产物。随广大人民社会生活的需要产生和流传，它生动地反映了人们各方面的生活和相关的思想、感情，它直接或间接地为人们的生活服务，给人以知识、教诲、鼓舞和希望，其中有些本身就是生活的构成部分。与作家文学相比，民间文学有其独特性。由于它的作者人数的众多和生活在底层，他们能够更广泛、深切、生动地反映社会生活。它的社会功用，也和书面文学有很多不同的地方。许多民间谚语就是劳动人民生活和劳作的教科书。不少劳动号子，是人们在各种劳作中调整呼吸、动作和鼓舞情绪不可缺少的表达。许多世代相传的古老神话和传说，不但传述了一定的历史知识，还培养维系着国家民族团结的感情。许多保卫乡土、保卫祖国的英雄传说，永远给广大人民以鼓舞和力量。

民间文学具有以下四个主要特点。首先，民间文学作品是集众人之智，采百家之思，由特定地区的集体创作而来的智慧结晶，彰显着鲜明的集体特性，并通过一代又一代参与者的集体劳动，不断发展成熟、稳定流传。因此，哪怕随着时代的变迁，其内容出现了不同程度的"更新"，却也仍然没有完全脱离原有的框架，依旧属于集体享有，具有集体性。其次，民间文学作品的创作离不开对其影响深远的传统文化背景，我国幅员辽阔，文化资源丰富，各个民族和地区的文化都各具特色，通过民间文艺作品这一载体被有形或无形地记录和表达出来，传递了一种"地域象征"，具有浓厚的地域性。

再次，在民族、家族内部世世代代传承，并非是一蹴而就的静态留存，而是持续不断的动态创造。许多民间故事和传说就是在其漫长的发展过程中被一代又一代的人们不断丰富和创新，由此得以绵延不绝且更具生命力和现实意义。因此，传承性是民间文学作品与生俱来的一大特性。最后，民间文学作品多以口头相传的形式不断流传，其内容处于不断流变的过程当中，并且随着时代的不断发展进步，民间文学作品也在传承中不断创新，且新鲜元素的持续融入也使得民间文学作品不断推陈出新，焕发新的生命力，因此具有变异性的特点。

第二节　民间艺术作品的特殊性

民间艺术，是指掌握了既定传统风格和技艺，由普通老百姓所创作或制作的表演艺术、民间美术和手工技艺。事实上，民间艺术是针对学院艺术、文人艺术的概念提出来的。广义上说，民间艺术是劳动者为满足自己的生活和审美需求而创造的艺术，包括了民间工艺、民间美术、民间音乐、民间舞蹈和戏曲等多种艺术形式；狭义上说，民间艺术指的是民间造型艺术，包括了民间美术和民间手工艺的各种表现形式。按照材质分类，有纸、布、竹、木、石、皮革、金属、面、泥、陶瓷、草柳、棕藤、漆等不同材料制成的各类民间手工艺品。它们以天然材料为主，就地取材，以传统的手工方式制作，带有浓郁的地方特色和民族风格，与民间信仰和民俗活动密切结合，与生产生活密切相关。一年中的四季八节等岁时节令、从出生到死亡的人生礼仪、衣食住行的日常生活中都有民间艺术的陪伴。按照制作技艺的不同，又可以将民间艺术分为绘画类、塑作类、编织类、剪刻类、印染类等等。

从创作者的角度看民间艺术是以农民和手工业者为主体，以满足创作者自身需求或以补充家庭收入为目的甚至以之为生计来源的手工艺术产品。从生产方式看，民间艺术是以一家一户为生产单位，以父传子、师带徒的方式世代传承的。从功能上看，它包括了侧重欣赏性和精神愉悦的民间美术作品，也包括了侧重实用性和使用功能的器物和装饰品。作品的题材和内容充分反映了民间社会大众的审美需求和心理需要，造型饱满粗犷，色彩鲜明浓郁，既美观实用，又具有求吉纳祥、趋利避害的精神功能。

第三节　民俗文化的特殊性

民俗文化，是一个国家或民族中为广大民众所创造、享用和传承的生活文化。它起源于人类社会群体生活，并在特定的民族、时代和地域中不断形成、扩大和衍变，为民众的日常生活服务。民俗是一种来自于人民、传承于人民、规范于人民、深藏于人民的行为、语言和心理的集合体，具有广泛的社会性、集体性和传承性。中国地域广大、民族众多、历史悠久，在漫长的生产和生活过程中逐渐积淀出丰富多彩、千姿百态的民俗。她凝结着中华民族的民族精神和情感，承载着中华民族的文化血脉和思想精华，她既是中华文明的符号，也是中华软实力的载体。是维系社会稳定、促进民族团结、推动国家统一进步的独特力量。经过五千年历史长河的不断积淀和洗礼，很多民俗至今仍活态地在民间传承、传播、发展，很多已被列入世界非物质文化遗产名录之中，成为人类精神文明的共同财富。

民俗文化是流动的、发展的，它在社会的每个阶段都会产生变异，并在变异中求得生存和发展。当中国社会处于经济转型的关键时刻，民众思想观念和生活方式的转变必然表现在民俗文化的变化上，这是不以人的意志为转移的客观现实。寻找民俗文物，留下民众生活的历史，已成为一个重要的课题。中国是一个历史悠久的民俗文化大国，民俗文化不仅是历史的延续，而且还会继续延续下去。正是这种民俗文化，在它形成和发展过程中，造就了中华民族的精神传统和人文性格，因此弘扬中国民俗文化传统，对增强中华民族的凝聚力有着十分重要的意义。

关于民俗的范围与分类，不同的民俗学家由于不同的学术背景和特定的课题需要，有不同的说法。自然状态的民俗丰富多彩，千头万绪。民俗学产生不久，学者们就尝试提纲挈领地把握它们。中国民俗学界有几种分类。乌丙安在《中国民俗学》中把民俗分为四大类：经济的民俗、社会的民俗、信仰的民俗、游艺的民俗。陶立璠在《民俗学概论》中则分为这样四类：物质民俗、社会民俗、口承语言民俗、精神民俗。张紫晨在《中国民俗与民俗学》中采用平列式方法把中国民俗分为十类：①巫术民俗；②信仰民俗；③服饰、饮食、居住之民俗；④建筑民俗；⑤制度民俗；⑥生产民俗；⑦岁时节令民俗；⑧生仪礼民俗；⑨商业贸易民俗；⑩游艺民俗。当代各种地方志性质的民俗志的分类方法有纲目式的，也有平列式的。

民俗文化具有以下特征。第一，自发性。从民俗文化的创作过程来讲自发性体现在其创作的任性而作、随处可作的特点上。民俗文化大多是无名无姓的人们在其生活过程中创造的，因此，它时常是在自我娱乐、自我消遣的轻松前提下随口说来、随手作来，并在流传过程中，率性而作、随心而改，不必顾虑人们是否接受、作品内容是否成熟、是否有吸引力等等。第二，传承性。传承性首先体现为一种言传身教。其次体现于口口相传。在民俗文化作品的散播和接受过程中，"面对面"是其重要特点。民间文化作品一般都要实地表演、亲身展示或者付诸行动等，这些表现形式散播于村坊市井、街头巷尾，也出现于庭院房中、流传在欣赏者自己的口里。第三，俗化和程式化。喜闻乐见的形式秉承着一定的民族文化的传统形式，往往在长期的民间文化流传过程中形成了便于民众接受的程式化的审美形式。

第四节　民间文艺作品版权保护的特殊性

民间文学、民间艺术、民俗文化三个主要类型民间文化艺术作品的上述特殊属性，使得对其实施版权保护存在较大难度，故而《民间文学艺术作品著作权保护条例》迟迟未能颁布。但是，时代的发展，对民间文艺作品的法律保护提出了迫切要求。

民间文艺作品版权保护的特殊性，主要表现在以下三个方面：

第一，版权法意义上的作品保护的对象是某一确定的"作者"，而民间文艺作品的"作者"通常是某一群体、社区或民族，而不是某个或某些特定的"作者"。有些民间文艺作品即便在历史上是曾经由某一"作者"所创作，但在历史传承的过程中，又加入了社区或民族中其他人的创造和创新，因而创作主体变得多元化。这是民间文艺作品与著作权法意义上的作品的最大区别，也正是这一区别，使得用版权法保护民间文艺作品制造了一个难题。简单地讲，民间文艺作品的创作主体无法确定，或者说应视为集体创作。这就要求民间文艺作品实施版权保护必须首先界定"作者"，必须尽可能明确作者或作者群，才能纳入版权法保护。

第二，著作权自作品创作完成时自动产生，对于一般的作品来讲，其"创作完成之时"是比较好判断的，但是，民间文艺作品是由某一群体、社区或民族的整体创作的，并随着历史的演进而不断地创新和发展，这种流变性也是民间文艺作品的重要特点。因此，民间文艺作品的创作可能永远都在进行中，也就无所谓"创作完成之时"，对它的保护应是没有期限的，也就是永远保护。但这个特点也与版权法严格的时间规定期限相冲突。

第三，民间文艺作品一般都会反映一个群体、社区或民族的特有的文化特征，反映其整体的文化价值取向，而版权法意义上的作品却基本上是表现个体意义上的价值取向。这也是民间文艺作品难以通过版权法予以全面保护的重要原因。

对民间文艺版权保护的特殊性必须深入认识理解，才能在立法和司法实践中有的放矢。

第五节　民间文艺作品与非物质文化遗产法律保护的区别

鉴于民间文学艺术作品与非物质文化遗产均是"传统文化"不可或缺的一部分，因此有学者主张将其归入非物质文化遗产一类。该方法尽管在一定程度上弥补了法律保护的缺失，但实际上这二者性质有所不同。根据2003年联合国教科文组织颁布的《保护非物质文化遗产公约》，其中第二条第一项、第二项通过列举的方式，对非物质文化遗产的概念和内容做了明确规定。相应的，我国在2011年颁布的《非物质文化遗产法》中对非物质文化遗产的定义也采用列举的方式，内容大致与公约相同。区别在于我国规定了"其他非物质文化遗产"的兜底条款，给予将来法律规定需要新增的非物质文化遗产项目留下空间。该空间的存在也给提出此类主张的学者提供了法律依据。[1]

从国际公约以及我国法律所列举的相关内容上看，非物质文化遗产具有非物质性，该特性表明非物质文化遗产保护的重点是非物质的因素和精神内涵，它的存在更加偏向于保护非物质形态下精神领域的创造活动及其结晶，其价值体现也偏重于最终呈现的精神层面的内涵和传统意识，而不是它们存在的各类载体，而民间文学艺术作品更多强调的是载体本身，并非仅仅精神层面。由此可见二者虽有交集，但存在明显的区别。

因此，民间文艺作品更适宜由版权（私法）保护，而非物质文化遗产则由国家颁布的《非物质文化遗产法》（公法）实施保护。

---

[1] 谢瑾勋：《民间文学艺术作品保护路径研究》，硕士学位论文，北方工业大学，2020，第10页。

第四章 民间文艺作品版权保护问题研究

民间文艺固有的特殊性决定了立法工作的复杂性。主要体现在保护主体和客体的不确定性，保护对象归类、范围、时间难以界定，财产权得不到保证，诉讼难度高，维权能力弱以及作品源的保护和流的发展平衡问题等几个方面。

第一节 民间文艺作品创作主体的不确定问题

民间文艺作品的一个重要特征是其创作主体的群体性。民间文艺作品存在于特定的群体当中，比如属于特定民族的民歌，其主体便是这一民族的所有成员；属于特定地域的地方戏曲，其主体就是这一地域的所有民众。民间文艺作品的传承多是代代相传、口口相传的，比如民间手工艺多是通过家族实现传承，民间故事多是通过口头讲述来实现传承的。《中华人民共和国著作权法》第九条规定著作权人包括作者和享有著作权的公民、法人或者其他组织。对于民间文艺作品来说，民间手工艺如剪纸、蜡染等作品可以确定作者，但民歌、戏曲等就难以确定作者。当这些难以确定的作者的权利受到侵犯时，由谁和凭什么来主张并维护他们的权利就成了一个有争议的问题。例如《乌苏里船歌》是在赫哲族民间曲调《想情郎》和《狩猎的哥哥回来了》等基础上改编而成的作品。但1999年11月南宁国际民歌艺术节上，主持人强调《乌苏里船歌》是郭颂创作的。该台晚会录成VCD在全国发行时，仍然注明郭颂是《乌苏里船歌》的作曲者。黑龙江省饶河县四排赫哲族乡政府认为郭颂及相关单位侵犯了其著作权，伤害了每一位赫哲族人的自尊心与民族感情，遂向北京二中院提出诉讼，要求被告郭颂及中央电视台等停止侵权、公开道歉、赔偿损失。在此案中，四排赫哲族乡政府是否具有原告资格是一个重要的争议点。对此，法院判决书中指出："四排赫哲族民族乡政府既是赫哲族部分群体的政府代表，也是赫哲族部分群体公共利益的代表，在赫哲族民间文艺作品的著作权可能受到侵害时，鉴于权利主体状态的特殊性，为维护本区域内赫哲族公众的权益，在体现我国宪法和特别法律关于民族区域自治法律制度的原则，不违反法律禁止性规定的前提下，原告作为民族乡政府，可以以自己的名义提起诉讼。"这份判决书表明，民间文艺作品的权利主体可以是个人的，也可以是集体的。确定好创作主体是为司法实践中由谁担任原告提供依据。确认存在的难点是民间文艺作品产生于地区成员的集体创作，当难以确定具体的创作人时应如何认定创作主体。目前，学界对于民间文学艺术作品的创作主体如何认定主要有以下几种观点：其一，个人作者观；其二，集体作者观；其三，二元作者观。其中，个人作者观与集体作者观的内容分别否定了群体劳动和个体劳动在作品产生过程中的作用，因而是片面的。而二元作者观，则是对集体和个人并存的肯定，既没有一味地强调个人，也没有否认群体智慧的存在。该观点不仅反映出对群体性特征的肯定，而且也给予在民间文学艺术作品的传承和发展中起中心作用的个人以承认。

我国著作权制度下所规定的著作权的主体是指依法享有著作权的人，根据创作作品的事实依法可以获得著作权的原则，著作权首先属于作者。从法律上来看，既包括自然人，也包括法人和其他组织。这就意味着《著作权法》中的作品通常需要有确定的作者，产生争议时可以避免因作者无法确定而导致无法裁判的情况发生。然而，民间文艺作品的形成和发展是一个接续性的持续创造，在时代的变化和技艺的革新中不断被不同的人完善和更新，其创作主体不固定，也就无法明确到个人或几个人。正是因其自身特征的特殊性，民间文艺作品在著作权制度之下权利主体即创作主体的确定才变得复杂化，给立法带来一些争议。民间文艺作品的创作产生、流传、传承以及目前的现状，都决定了作品的创作主体不是简单的个体化，而且流传年代久远的作品，又由于代代相传中添加了新的元素，使得民间文艺作品的创作主体带有非常特殊的不确定性。因而，在司法实践中常常出现这样一种情形：民间文艺作品往往会因难以确定创作主体而陷入僵局，或成为对方抗辩的理由，使得自身法律权益无法得到确切保障。①

---

① 李昕彤：《民间文学艺术作品著作权保护困境与对策》，硕士学位论文，兰州理工大学，2022。

第二节　民间文艺作品著作权的权利客体不明确问题

民间文艺作品著作权的权利客体就是民间文艺作品，我们将其分为有载体的民间文艺作品和无特定载体的民间文艺作品。从我们调查搜集到的案例的审判结果来看，有载体的民间文艺作品（如剪纸、蜡染）遭受侵权时更容易得到保护，而没有特定载体的民间文艺作品（如民歌、戏曲）遭到侵权时，维权的成功率不高。举例来说，郭宪诉国家邮政局和白秀娥诉国家邮政局两案，被侵权的是两人的剪纸作品，是有载体的民间文艺作品，最后两人都维权成功，得到经济上的赔偿和署名上的承认。而《乌苏里船歌》案和"安顺地戏"案中的民歌和戏曲是没有特定载体的民间文艺作品。四排赫哲族乡政府强调他们要保护的是民歌的曲调，最终维权成功。而安顺市文化与体育局则坚持保护"安顺地戏"这一戏曲种类，但法院认为戏曲种类不是作品，难以得到著作权法的保护，安顺市文化与体育局败诉。

第三节 民间文艺作品保护对象分类和范围、期限界定问题

由于传统著作权制度保护之下的作品的形式都具有相对稳定和固定的形式，可以较为容易和操作性较强地进行保护。作品自作者个人创造完成即产生了著作权，相应的作品的形式即被固定下来，如小说创作后小说文本就是作品形式，歌曲创作后歌谱就是作品形式，创作的文艺作品都基本固定在了一定形式的载体之上，具有稳定性和直接性。然而，民间文艺作品的表现形式带有特殊的多样性、复杂性、广泛性和多变性，使立法对作品范围的归类和范畴以及期限的界定有一定的难度，对民间作品的搜集、归类和登记等前期工作也是一个难点。

第四节 作品源的保护和流的发展平衡问题

著作权制度的目的就是既要保护创作者的利益以激发创作热情，也同时兼顾创作作品在社会被使用、流转以促进文化资源传播与再创作。对于民间文艺作品的保护，如果人们仅仅注重各种智力创作之流的保护，

而忽视对它们源的关注,则对知识产权保护而言,是一种缺陷。如今,在商业化领域,民间文学艺术作品被大量无偿利用,谋取经济利益。这无疑十分不利于鼓励对民间文艺作品的挽救,更不利于推动立法。

与此同时,我们也必须清醒地认识到这样一个事实:源的保护固然是重要的,也是首要的,但是文化的重要不仅在于保护,更重要的意义是在于它的传承与发展。民族的发展依靠的就是不断创新的动力,这便需要依靠一代一代去传承文化,不断给文化的领域里注入新的活力。这就涉及对于民间文化的利用的方式问题,如果过多地设置条框来保护民间文化,必然使创新文化和流传文化的人失去动力,引发过多的不便和麻烦。因此,在《民间文学艺术作品著作权保护条例》的立法上,平衡源的保护和流的发展问题是关键,也是难点。

第五节　财产权保护难问题

民间文艺作品权利主体的群体性,意味着民间文艺作品从产生开始就存在于民众中间,并且依靠民众得以传承。正如有学者分析的:"民间的文化世界不是私人和个人世界,不是独白世界和私密空间,它的现实基础结构在于它是被我们分享或共享的，是人与人相互交流的文化存在，是集体的世界，社会的世界。"基于这一特征，涉及民间文艺作品侵权案件的判定，往往注重署名权的承认，而忽视财产权利。似乎过分强调财产权利会对民间文艺作品的正常传播产生负面影响。也正因为如此，民间文艺作品权利主体的经济权益常得不到应有的保护。

1990年10月，由吕金泉设计、委托景德镇市光明瓷厂生产的陶艺作品——金秋叶图案装饰青花五头茶具荣获首届"瓷都景德镇杯"国际陶瓷精品大奖赛二等奖，在全国艺术展评会上被中国陶瓷工业协会评为二等奖。之后景德镇市光明瓷厂既未征得作者许可，又未向作者支付任何报酬，便大量仿制该获奖作品并广为销售，获利颇丰。吕金泉得知此事后，于1996年将景德镇市光明瓷厂告上法庭，并根据光明瓷厂的获利情况索赔30万元。一审法院支持了这一索赔请求。被告申诉后，二审法院强调必须承认金秋叶茶具的设计者是吕金泉，但赔偿金额大大减少：景德镇光明瓷厂支付吕金泉设计费2万元。与此相似的还有何叔水与玉泉岛酒店关于《国色香远》花瓶的纠纷。2006年11月，玉泉岛酒店向何叔水购买了名为《国色香远》和《醉沐春风》的两支花瓶，后以其中一支破损为由退还。2007年，何叔水发现玉泉岛酒店小卖部在出售复制的《国色香远》花瓶，于是将其告上法庭，索赔30万元。景德镇中级人民法院根据玉泉岛酒店的获利情况，判决其赔偿何叔水29万元。玉泉岛酒店不服判决，上诉至江西省高级人民法院。二审法院以口头协议不具有法律效力，且玉泉岛酒店复制的花瓶还没有卖出等为由，撤销了一审判决，即玉泉岛酒店不向何叔水支付赔偿金。何叔水不服此判决，向最高人民法院申请再审，最高人民法院最终判定玉泉岛酒店侵权，但经济赔偿额度减少为7万元。在上述案件中，两位原告的索赔请求实际上都是根据被告的获利状况提出的，但是经历几次审理，最终都没有得到完全的支持，有关方面对于民间手工艺的传播和利用的考虑是其重要原因。

第六节 诉讼难问题

在调查搜集到的案例中我们发现，容易获利和方便复制的民间文艺作品的著作权极易和频繁地受到侵犯，导致民间文艺家不得不花费大量的时间和精力在诉讼上。即便如此，还是无法杜绝侵权行为的再次发生。"洪滨丝绵画系列侵权案"就是容易获利的民间艺术作品著作权受到侵犯的典型案例。洪滨丝绵画是马鞍山市的一种独特的手工艺品，1986年袁洪滨创立了研制手工丝绵画的洪滨丝画手工艺术公司，并于1989年申请了名称为"棉花画制作方法"的发明专利，还获得了国家知识产权局颁发的发明专利证书。该专利到期后，2010年又被国家专利局授予了"丝绵画的制作方法"发明专利证书。虽然袁洪滨申请了专利，但侵权事件依然层出不穷。1995年袁洪滨与赖鸿山相识，此后赖鸿山频频到洪滨丝画公司参观，并结识掌握专利技术秘密的洪滨公司原副总经理郭海新，后来郭跳槽到赖的公司。1997年，袁洪滨在苏州发现洪滨丝画的仿制品，经查这些仿制品正是赖的公司生产的，于是将赖、郭二人告上法庭。此案先后上诉于合肥市中级人民法院、安徽省高级人民法院、北京市高级人民法院，最终于2002年胜诉。2005年袁洪滨起诉上海樟贵工贸有限责任公司未经许可销售"永福人丝绒画"产品，侵犯了"棉花画的制作方法"发明专利权，最终胜诉。袁洪滨维权路上的另一案例是起诉横江丝画公司侵权。马鞍山横江丝画公司法人代表孙传林曾于1989年至2005年期间，三送三出在洪滨丝画公司工作，2007年成立了自己的公司，擅自

利用从"洪滨丝画"学来的技术制作、销售丝画产品，对"洪滨丝画"的生产、销售和管理产生了不良的影响。洪滨丝画公司于2013年10月将横江丝画公司告上了法庭。一审判决侵权成立，袁洪滨胜诉。但被告向安徽省高院提出上诉，并就袁洪滨的专利"丝绵画的制作方法"向国家知识产权局提出"无效宣告请求"。洪滨丝画工艺独特、成本不高、销售渠道广，适合规模生产销售，利润可观。这些特点使得许多商家觊觎其巨大的经济价值，从而引发了上述一系列的侵权官司。可以看到，自从洪滨丝画手工艺术公司成立以来，侵权诉讼就一直如影随形，显然需要耗费大量的人力物力财力应对。

随着信息技术的发展，民间美术作品越来越方便复制。如果作者不维护自己的权益，侵权者就可以不支付报酬，随意使用他人创作的作品，从而以很低的成本获得更大的利润。因此，民间美术作品的著作权是侵权者经常光顾的目标。赵梦林"京剧脸谱"的维权之路就是在这样的背景下开始的。赵梦林于1992年编著出版了《京剧脸谱》一书，该书2003年1月再版改名为《中国京剧脸谱》。他享有该书中568幅京剧脸谱、21幅京剧人物画的著作权。2008年，赵梦林发现中国网络通信集团公司未经许可，在其发行的《北京2008年奥运会人文奥运电话卡珍藏集》的封面及内附电话卡中使用了《中国京剧脸谱》画册中的6幅作品，遂将其告上法庭。2009年双方达成调解协议，该公司付给赵梦林5万元使用费。2010年7月，赵梦林诉北京搜狐互联网信息服务有限公司侵权案胜诉。案由是搜狐公司未经许可，在"搜狐焦点"发布的《京城众"角"上演"变脸"——那些不是住宅的"住宅"们》一文中擅自使用《中国京剧脸谱》画册中的54幅京剧脸谱作品，没有注明作者姓名，也未支付报酬。2010年9月，福建省富贵红文化发展有限公司未经许可，在其生产的富贵红功夫茶具和红瓷瓶产品上使用了《中国京剧脸谱》画册中的8幅作品，赵梦林将其告上法庭并胜诉。2010年9月，赵梦林还将北京蕾迪斯饰品有限公司告上法庭，原因是其销售的"中国红四件套""中国红笔"瓷器产品上使用了7幅上述画册中的作品。法院判令该公司停止销售侵权产品，但并未支持赵梦林的索赔请求。2010年12月，赵梦林起诉济宁七星地毯有限公司，理由是该公司生产的挂毯使用了赵梦林画册中的作品但未署名，也未支付报酬。本案以赵梦林胜诉告终。赵梦林打的维权官司远不止上述这些，尽管赵梦林一直在努力维护自己的权益，并且法院也多次判决侵权者败诉、给予侵

权者经济上的处罚，但是京剧脸谱被侵权的行为还是屡屡发生。权利人或者放弃维权，或者在这条看不见尽头的维权路上坚持下去，无论是哪一种选择，究其原因，除了艺术脸谱作品的特殊性以外，更重要的还是由于没有保护民间文艺作品的专门条例，导致维权无法可依，艰难异常。

第七节　维权意识和能力问题

从上述案例当中可以看到，追究侵权行为的权利人主要分为四类：第一类是集体，比如黑龙江省饶河县四排赫哲族乡政府和安顺市文化与体育局；第二类是企业，比如洪滨丝画公司；第三类是涉及较大利益的个人，比如景德镇诸侵权案中的原告；第四类是受到多次侵权的个人，比如赵梦林。集体、企业以及涉及较大利益的个人由于拥有经济实力，故能够负担维权成本以保全自己的经济利益；屡次受到侵权的个人坚持在维权战线上战斗，就不仅是为了争取经济利益，更主要是为了维护个人权益的尊严。一个现实的问题是，个人的维权成本并不低，包括需要付出的时间和诉讼所产生的相关费用。这导致许多民间文艺家在面对侵权行为时缺乏诉诸法律的勇气和经济能力。另外，民间文艺家普遍日常忙于创作和生计，同时因教育水平的限制，维权意识较为淡薄，给侵权者造成了可乘之机。据报道，南京著名剪纸艺术家、国家非物质文化遗产代表性传承人张方林设计的"十二生肖"造型剪纸，作为2014年央视马年春晚最后一首歌《难忘今宵》的舞台背景，第一次集体在广大电视观众面前亮相。2013年央视春晚中也曾使用过这套剪纸中的小花蛇。由于这套剪纸形象可爱、喜庆，迅速遭遇了盗版，一些银行的信封上、大门上，还有南京的一些商业街区、快餐店等张贴的海报、橱窗贴画，都是这个剪纸小花蛇。但是这些使用方没有一个人告知张方林，甚至都不知道是张方林设计的。虽然张方林本人对此很宽容，认为这对于剪纸文化的传播有积极的作用，但是从中也可以看出个人在侵权行为汹涌而来的情形下的弱小和无奈。

第八节 关于民间文艺作品版权保护的不同观点

在几年来的学术讨论中，一些学者发表了不同观点，其中之一认为版权制度与民间文艺作品保护存在法理冲突。依据如下：

第一，保护时效与历史传统的冲突。中国现行的知识产权保护都有其明确的保护时效，针对中国公民的作品著作权的保护期较长，为作者终身及其死亡后50年，一般的专利则只有10年（实用新型专利权和外观设计专利权）或者20年（发明专利）。然而，民间文艺作品是长期历史发展的文明积淀，源远流长，常常无法确证其产生的确切年代，因而也就无法量化其保护时效，使得民间文艺作品的知识产权保护陷入操作上的困境。因此，部分学者主张延长民间文艺作品知识产权保护的时效，但这只是"时间点"意义上的相对延长，并非治本之策。当然，从理论上而言，可以把民间文艺作品知识产权保护的时效定位为"永久"，但又有悖于法律的严谨精神。

第二，整体权利与局部权利的冲突。现代知识产权制度已经形成了一个严整的法律体系，分工精细，对于商标权、专利权、著作权等知识产权的不同部分予以保护，形成了相应的专项法律，不同的专项知识产权法律因其保护对象的不同，也形成了各具特点的保护理念与保护制度，并不统一。而民间文艺作品作为一种历史文化遗产，具有突出的整体性，无法只保护某一方面而不及其余，很难按照现代知识产权的标准进行归类，使得在涉及民间文艺作品知识产权纠纷时，不同的权利主体、开发主体往往根据不同的法律主张不同的权利诉求，以维护自身的利益。这就使得中国现行的知识产权法律在涉及民间文艺作品保护时，常常无法兼容，漏洞迭出，难以执行。

第三，集体权利与专属权利的冲突。知识产权制度非常强调专属权利，主张只有特定的、明确的民事权利主体才能拥有对于相关知识产权的专有权利。知识产权的主体一般为特定化的智力成果的创作人，如自然人、法人等，主体人数较少，并且比较明晰，可以确证。而非遗是民众在长期的历史发展进程中集体创造的结果，具有鲜明的集体性，其所属权绝非个人所能垄断。民间文艺作品的权利主体一般为某一民族或者群体，主体人数为不确定的多数。因而，在实践中，民间文艺作品知识产权保护常常难以落实具体、确定的权利主体，陷入主体缺位的法理困境。

第四，创新、专有理念与传承、共享理念的冲突。西方现行的知识产权法律将人类的智力成果大体上分为两类："创新性智力成果"与"积存性智力成果"。前者被认为是人类创新性智力劳动的成果，是知识产权法律保护的对象；后者则被视为人类历史发展进程中世代累积而成的文化传统、文明积淀，被排斥于知识产权保护的范畴之外。中国的知识产权法也基本沿袭了这一理念，重在保护具有独特创新性的智力成果，具有突出的创新性、专有性取向。一些研究者也认为，以创新性智力成果为客体的知识产权的创设具有某种必然性，甚至可以说是人类社会中一种无可回避的选择。中国的民间文艺作品作为长期历史积淀的文化成果，具有突出的传承性、传统性与共享性，在知识产权保护创新性、专有性理念主宰之下，民间文艺作品通常被认为不具有知识产权的属性，其产权自然也难以落实。

第五，权利属性的差异。首先，是公权与私权的差异。知识产权是一项私权，一项具有深刻物权性征的私权。从法理的角度来看，知识产权本质上属于民事权利，保护的重点是私权；民间文艺作品权利本质上属于公共权利，保护的重点是公权。因而，就法律的性质而言，知识产权法属于私法，民间文艺作品保护法则属于公法，两者有着较为本质的差异。其次，是财产权与文化权的差异。知识产权主要体现为财产权，可以根据市场机制予以量化。虽然部分知识产权比如署名权、发表权等不直接体现为产权人的财产收益，但在产业化的运作中会关联间接的财产利益；民间文艺作品的权利内容则主要体现为群体共享的文化权利。

针对上述观点，也有学者提出不同意见。如北京大学中文系教授陈连山认为，民间文艺作品是人的精神创造，理所当然应该享受著作权保护。这方面最好请法学家出面修订，民间文艺领域专家从专业方面协助法学家；法律不是从民间文艺专业知识出发来立法，而是从理性推论的，如果民间文艺专业知识方面违背了法理，应该遵从法理。事实上，民间文艺学界的错误认识是民间文艺维权意识薄弱的重要原因。一些学人认为："民间文艺一直没有著作权保护也顺利存在到现在，所以不需要保护。"这是完全错误的。在历史长河中，民间文艺的确没有著作权也存在下来了，但是没有人知道损失了多少。如果没有敦煌文献，我们恐怕无法知道变文是什么样的。在现代化的今天，其他艺术都得到著作权保护，唯独民间文艺没有法律保护，将造成更大悲剧。旧的民间文学理论认为民间文艺作品是集体创作，因而权利主体不明确，这也值得商榷。过去说"民间文艺作品是集体创作"基于三个理由：其一是口头艺术难以找到第一个创作者；其二是作品流传中人人可以加工；其三是个别作品的确是集体创作的。但这三条都不是充分理由。所以,"民间文艺作品集体创作"的概念应该放弃。当前的表演理论研究表明,传承人每一次的讲述都是一次创作。针对每一次的表演,创作者是十分明确的,权利主体也是明确的。也许侵权者会以自己的行为也是一次"创作",进而逃避法律制裁。但是,他的"非社区成员"身份会暴露他侵权实质。当然,对于那些没有明确作者的作品,沿用"集体所有"也可以。

综上所述,民间文艺版权保护存在立法依据不完备和法理上的纠结,由此也带来司法公正性的困难,是一个系统性难题。解决这一难题,既需要在立法宗旨上科学把握,也需要通过制订具体、细化的实施细则逐步解决。

第五章 《民间文学艺术作品著作权保护条例（征求意见稿）》解析

为了加强社会治理，保护民间文学艺术作品的著作权，保障民间文学艺术作品的有序使用，鼓励民间文学艺术传承和发展，国家版权局于2014年9月发布《民间文学艺术作品著作权保护条例（征求意见稿）》向社会征求意见。然而，由于条例中部分内容尚不清晰，相关制度设计还不明确，且尚未有与之配套的实施细则，所以时至今日，条例仍未颁布。

第一节 《民间文学艺术作品著作权保护条例》重点条款解读

以《民间文学艺术作品著作权保护条例》（以下简

称《条例》）第五条为例。虽然它规定了民间文学艺术作品的著作权归属于特定的民族、族群或者社群，但对民族、族群或者社群界定不清；对著作权主体规定的模糊性导致著作权主体的权利难以实现，作品使用者的义务难以履行，著作权行政管理部门的职责也无法落实。

一、《条例》第五条存在的著作权主体模糊问题

《条例》的第五条规定了民间文学艺术作品的著作权属于特定的民族、族群或者社群。"民族"是历史上形成的有共同语言、共同地域、共同经济生活以及表现于共同民族文化特点上的共同心理素质的稳定的人们的共同体；"族群"是指在较大的社会文化体系中，由于客观上具有共同的渊源和文化，因此主观上自我认同并被其他群体所区分的一群人，其中共同的渊源指世系、血统、体质的相似，共同的文化指相似的语言、宗教、习俗等；"社会群体（简称社群）"是指人们按一定社会关系结合起来，进行共同活动，具有心理上的交互作用和一定文化表现的集体。从上述的解释中不难总结出民族、族群和社群的共同点在于：①都是由多人组成的群体，有文化背景的相同点；②群体的形成经过了漫长的历史周期；③关系的结合大多源于心理认同；④具体的人数和明确的地域边界无法确定；⑤不能明确且法律

尚未拟制其性质为自然人、法人还是社会组织。既然民族、族群和社群的结合是文化、历史、心理等因素共同作用，每个特定群体很难靠具体且客观的标准来区分，这就导致民间文学艺术作品的著作权归属呈现的是不确定的状态。而著作权利是由著作权主体享有的利益。《中华人民共和国著作权法》（以下简称《著作权法》）赋予著作权主体一定的行为自由，目的是通过法律的设置使著作权主体合法权益得到满足；如果没有相应利益存在，著作权法律就没有将其类型化后作为权利规定在法律中的必要。显然，当一个权利的主体并不确定时，该权利也就没有被实现的动力及可能，其创设自然就失去了意义和价值。

二、著作权主体模糊带来的消极影响

（一）著作权主体身份不明，相关权利难以行使

《条例》著作权主体规定模糊导致民间文学艺术作品著作权主体身份难以确定或证明。一方面，由于民族、族群和社群不能明确具体人数和地域范围，《条例》对著作权主体的界定不明导致无法确定著作权人；另一方面，民族、族群和社群的联结因素有很多，且内容较主观，然而《条例》对著作权主体身份的证明方式未作出规定，也没有形成统一的标准和途径，这显然将提高期

待获得文学艺术作品著作权的人证明自己权利主体身份的难度。同时，民族、族群和社群的主体性质不明确，也就是说《条例》并没有规定法人和社会组织对民间文学艺术作品是否享有著作权，使得著作权主体在范围上产生了混乱。由于权利主体难以确定，权利主体自然无法正常行使著作权以及基于著作权产生的救济请求权。《条例》规定了著作权包括：①表明身份；②禁止对民间文学艺术作品进行歪曲或者篡改；③以复制、发行、表演、改编或者向公众传播等方式使用民间文学艺术作品。但是不确定的是：以复制、发行、表演、改编或者向公众传播等方式使用民间文学艺术作品的这项权利，应当是由民族、族群或者社群中的任何个人行使，还是由民族、族群或者社群中的特定个人行使，还是应当由全体民族、族群或者社群中的多人行使，又或是应当由全体民族、族群或者社群共同行使。且当民间文学艺术作品遭到歪曲或者篡改时，无法确定谁可以提起诉讼禁止这一行为并取得赔偿，赔偿的款项应当归属于谁所有。

（二）其他人难以通过合法方式取得民间文学艺术作品的使用权

《条例》著作权主体规定模糊还会为他人通过合法

方式使用作品造成困境。使用者无法确定使用民间文学艺术作品前，应当取得著作权人的许可并支付合理报酬还是向国务院著作权行政管理部门指定的专门机构取得许可并支付合理报酬。如有人需要使用民间文学艺术作品，他选择取得著作权人的许可并支付合理报酬，谁有权作出许可？谁有权获得报酬？国家行政机关需要通过申请才可使用吗？法律给使用者设置使用作品的程序上的义务，却没有明确著作权主体，自然导致使用者履行义务不能，最终就算使用者的行为违法，对其惩罚也将不具备合理性。

（三）行政管理部门管理职责的取得于法无据

《条例》第五条并没有将国务院著作权行政管理部门列为民间文学艺术作品的权利主体，其对民间文学艺术作品的管理职责无从取得。从法理上说，国务院著作权行政管理部门不是著作权法律关系的主体，因此它不应享有使用、收益、支配等权能，在全体权利受到侵犯时也不享有诉权。同时，民间文学艺术作品附着的著作权，作为一项私权利，国务院著作权行政管理主管部门管理该权利的法理依据也是不足的。因此，《条例》对于通过什么手段去规制民间文学艺术作品的使用应当予以明确。

三、作品类型没有兜底性条款

《条例》第二条列举了民间文学艺术作品的四个类型，包括言语或文字形式表达的作品，音乐形式表达的作品，动作、姿势、表情等形式表达的作品和平面或立体形式表达的作品，但并未规定兜底性条款。这就使得无法涵盖以后可能出现的新的表达形式，而对于尚未形成作品的民间素材可否成为保护范围也在条例制定过程中引发了较大争议。该争议引发的进一步思考的问题是：实践中对民间文学艺术内容不完全符合作品特征的表达形式作为民间素材被他人利用的现象较为普遍，如不加以保护则有可能最终导致改编作品被歪曲或篡改。

第二节　制订《民间文学艺术作品著作权保护条例》的建议

一、明确《条例》的立法宗旨——兼顾保存、保护和发展

《著作权法》总则指明立法的宗旨是："保护文学、艺术和科学作品作者的著作权，以及与著作权有关的权益，鼓励有益于社会主义精神文明、物质文明建设的作品的创作和传播，促进社会主义文化和科学事业的发展

与繁荣"[1]。概括来讲,《著作权法》的立法宗旨分为两方面:一是保护,二是通过保护促进作品的合法传播、鼓励创作和促进文化的发展。这同样也是我国在制定《条例》时需要遵循的基本准则。

除了保护和发展之外,民间文艺作品还涉及保存问题。与其他文学、艺术和科学作品相比,民间文艺作品具有其特殊性,即民间性与集体性。民间性是指民间文艺作品产生于民间社会,与人类社会的发展进程同步,是人类文明的重要组成部分。正如有学者论述的:"民间文学艺术是人类文明的重要组成部分,是民族文化特性的反映以及维系民族存在的动力和源泉,也是保持文化多样性必不可少的部分。"[2] 集体性是指民间文艺作品是由群体而非个人拥有的,因此在市场经济和全球化背景下,民间文艺作品由于"无主"而最容易被非法使用,在这个过程中还有人故意歪曲民间文艺作品原貌来吸引民众眼球、攫取经济利益,导致真正的民间文艺作品消失或异化。因此,《条例》首先应当考虑的是民间

---

[1] 中国文联权益保护部编著:《中国文联文艺维权手册与案例选编(2009—2012)》,北京:中国文联出版社,2014,第191页。
[2] 黄玉烨:《中国民间文学艺术的司法保护状况及问题分析》,载中国民间文艺家协会编:《中国民间文艺权益保护》,北京:中国文史出版社,2012,第103页。

文艺作品的保存问题。保存、保护与发展是民间文艺权益保护的三大宗旨。

二、明确民间文艺作品著作权保护的权利归属及其行使主体

目前中国民间文艺作品著作权保护中最突出的问题就是在某些情况下权利的主体和客体不清晰，导致民间文艺领域出现侵权行为频发、权利保护不到位。所以《条例》首先要明确规定民间文艺作品的权利主体和客体。民间文艺作品的创作主体具有群体性与民族性的特点，并且民间文艺作品的创作过程持续时间很长，常常是经过几代甚至几十代人的发展才逐步完善。民间文艺作品在这一发展完善的过程中成为该区域或该民族的文化表现，个性特征逐渐消失。因此，有学者指出："民间文学艺术专有权应归属于创作民间文学艺术的特定群体，从而使民间文学艺术的权利主体也具有群体性的特点，这个群体可以是一个民族，也可以是本民族的某个村落，还可以是某几个人。"[1] 但问题在于，侵权行为发生时，不可能由群体的所有成员同时提起诉讼，

---

[1] 黄玉烨：《中国民间文学艺术的司法保护状况及问题分析》，载中国民间文艺家协会编：《中国民间文艺权益保护》，北京：中国文史出版社，2012，第111页。

所以应该由地方政府或民族自治组织作为权利主体的代表对侵权行为提起诉讼，从而有效地维护民间文艺的作品权利人的合法权益。但另一方面，我们也看到，许多民间文艺家在集体创作的文艺作品基础上进行了创新，形成了有个人特色的作品，比如赵梦林的京剧脸谱、袁洪滨的丝绵画等等，这样的作品也属于保护的范畴。另外，民间文艺中家族传承的形式也广泛存在，比如"泥人张"彩塑艺术就有着约一百八十年的传承历史，经历了五代传人，这样的民间文艺形式，其权利主体应该是其家族传承人。严格来讲，家族传承也是群体传承的一种。因此，《条例》在确定权利主体时，应该将上述几类人都包含进去，即群体（包括家族）和个人，并且认定地方政府或民族自治组织可以作为诉讼主体，维护本地区或本民族的民间文艺权利人的合法权益。而且，《条例》第四条和第八条分别规定的"主管部门和授权机制"也可以看作是对上述版权主体归属如何确立的回应。

民间文艺作品的权利客体则应该包括两方面，即无载体的民间文艺作品和有载体的民间文艺作品。在此前的司法实践中可以看到，涉及后者的诉讼常可以依据《著作权法》得以解决。而涉及无载体的民间文艺作品，如"安顺地戏"和《乌苏里船歌》两案由于无法可依，导致两案结果完全不同。由于《著作权法》中除第六条外，没有具体关于民间文艺作品的条款，因此即使是有载体的民间文艺作品，在寻找相关维权法律依据时依旧困难重重。基于此，在《条例》中，我们认为应该将无载体的和有载体的民间文艺作品都归到权利客体中来，使民间文艺作品的各类案件能够真正有法可依，不再游走于法律的边缘。

三、规定民间文艺作品的保护期限

民间文艺作品的保护期问题也是一个存在争议的问题。《著作权法》第二十一条规定公民作品权利的保护期为"作者终生及其死亡后五十年，截止于作者死亡后第五十年的12月31日；如果是合作作品，截止于最后死亡的作者死亡后第五十年的12月31日。"[1]针对有载体的民间文艺作品，这种规定是可以适用的。但是无载体的民间文艺作品，则具有群体性以及在流传中不断完善的特点，无法确定具体作者，这种保护期的规定显然不具有操作性。如果强制规定一个保护期限反而不利于对原创作品的保护，更不利于其发展繁荣。因此，可以考虑对民间文艺作品的权利保护设定为没有期限，

---

[1] 中国文联权益保护部编著：《中国文联文艺维权手册与案例选编（2009—2012）》，北京：中国文联出版社，2014，第196页。

从而与传统的著作权法保护期限加以区分。《条例》第七条规定的"民间文学艺术作品的著作权的保护期不受时间限制"是对上述考虑的体现。

四、确定民间文艺作品著作权内容

《著作权法》第十条列出了十七种人身权和财产权，如署名权、修改权、复制权、出租权、翻译权等。这些权利都是著作权人享有的。《条例》也应该对民间文艺作品著作权的权利内容有所规定。在调研的案例中，我们认为当下民间文艺作品著作权保护中的一个重要问题是"署名权较易得到承认，但财产权利常得不到保护"，即人身权和财产权在民间文艺保护中出现了割裂的现象。有学者认为，民间文艺作品在传播过程中，由于得到加工而逐步丰满和成熟起来，如果过分强调财产权，很可能导致民间文艺作品的传播途径受阻，失去民间沃土的滋养，反过来影响民间文艺的传播和发展。因此，《条例》要强调身份权而淡化财产权。基于此，对民间文艺作品的财产权，有学者提出了三个原则。一是民间文艺作品经济权利的确认与权利行使中的"惠益分享"原则。惠益分享理论是指应由利益创造者和相关的贡献者共享利益。套用到民间文艺作品上，就意味着民间文艺作品的权利主体有权与使用民间文艺作品进行创作,从而获取经济权利的人分享利益。二是财产权适用的前提是"以营利为目的"。原因是民间文艺作品是现代文化创新的源泉,如果使用人不是利用民间文艺作品来营利,就不需要征得民间文艺作品权利人的许可,也不用支付费用。即使是以营利为目的的使用,支付费用应该是在营利之后而非使用之时。三是"利益平衡"原则。即平衡民间文艺作品的创造者、传播者和使用者三者之间的利益。[1]

民间文艺作品权利人享有的人身权则是学者们所着重强调的,主要包括两个方面。一是标明民间文艺作品来源的权利。不论是使用无载体的还是有载体的民间文艺作品,都需要标明来源,表明对民间文艺作品的权利群体的精神权利的尊重。我们在调研中看到,许多诉讼案件中公开道歉的要求都得到支持,正是出于尊重权利人的精神权利的考虑。二是禁止不正当使用和歪曲、篡改民间文艺作品的权利。比如电影《千里走单骑》将"安顺地戏"叫作云南面具戏,并没有给予澄清或说明,就是对民间文艺作品的不正当使用。如在吕金泉金秋叶

---

[1] 黄玉烨:《中国民间文学艺术的司法保护状况及问题分析》,载中国民间文艺家协会编:《中国民间文艺权益保护》,北京:中国文史出版社,2012,第116—118页。

茶具侵权案中，吕金泉的原设计是五头茶具，光明瓷厂附上四只茶碟，将其称为"九头青花玲珑金秋茶具"进行批量生产，则是典型的对民间文艺作品的歪曲和篡改。

民间文艺作品创作主体的集体性决定了人身权对它的重要性。民间文艺作品是特定区域或特定民族文化的有机构成部分，对该集体有着重要的象征意义。如果仅仅因为民间文艺作品存在于公共领域就允许使用者加以歪曲和篡改，对于民间文艺作品的创作群体和权利人来说是文化上的亵渎和精神上的打击。以调研中搜集到的案例为例，广西壮族的民歌曲调、黑龙江赫哲族的民歌曲调，都是该民族在长期的生产生活中积累和创造出来的民间文艺形式，体现了他们民族的性格特征、价值观念等，是他们民族文化中不可缺少的一部分，因此在《条例》中，强调权利人的人身权是十分必要的。但是，是否要淡化财产权则值得商榷。虽然法律条文没有明确规定要淡化财产权，但是从调研所搜集到的案例的审判情况来看，赔偿数额最终都会大大低于原告的索赔金额。值得重视的是，对于经济权利的淡化，客观上导致了一个很严重的后果，即降低了侵权成本。所谓的使用者必定知晓法律淡化财产权的导向，因此他们在使用民间文艺作品的过程中，主动考虑到民间文艺作品权利人的经济利益的可能性非常小：如果不支付报酬而未被追究，那么使用者节省了成本，增加了利润；就算被民间文艺作品的权利人发现而提起诉讼，那么使用者需要支付的报酬也不多。如果支付报酬是在营利之后而非使用之时，那么其中的漏洞和可操作空间就非常大，使用者很可能会采用各种方法谎称自己没有营利。事实上，为了营利而进行的商业行为，不论盈亏都需要付出成本，对民间文艺的权利人支付的报酬只是其成本的一部分，不能因为民间文艺作品的特殊性就将其随意取消。总之，我们认为《条例》既要强调民间文艺作品权利人的人身权，也要对其经济权利作相应的规定。

总而言之，民间文艺作品的版权保护初衷应是尽量减少甚至是杜绝滥用原创作品及鼓励表达形式的创新，二者之间的平衡既要设定权利内容又要进行适当的权利限制。依照传统版权理论和立法规定，民间文艺作品的版权就包含人身权和财产权，前者要求后续改编必须注明改编作品的来源及保证原作品的完整。在《乌苏里船歌》纠纷中一审法院作出的"被告（改编者）以任何表现形式使用《乌苏里船歌》都要标注该歌曲是'根据赫哲族民间曲调改编'"判决结果肯定了上述人身权的存在。从法理和道德上看，保护作品完整权的初衷在于防止民间文艺作品被无故篡改、曲解甚至贬损，免于损害原创作品群体的感情，并充分考虑民间文艺作品的相关利益主体应该有权获得一定的经济报酬。

第六章 版权保护与民间文艺传承发展

第一节 如何运用版权保护传承优秀传统民族民间文化

一、如何运用版权保护传承优秀传统民间文化艺术

如何运用版权保护民间文艺作品,我们认为应从建立民间文艺版权保护组织、细化作品对象归类与登记工作以及针对作品利用涉及的不同目的进行保护等三个方面开展。

(一)建立民间文艺版权保护组织

在民间文艺家的权益屡屡受到侵犯的情况下,作为民间文艺工作者之家的全国及地方各级民间文艺家协会必须从协会宗旨出发,积极发挥一级机构的职能和作

用，以集体的力量维护会员的正当权益。我们认为各级民间文艺家协会主要可以从两个方面发挥作用。一是推动建立一个民间文艺作品著作权保护组织。这就涉及目前许多法律专家所提倡的民间文艺作品著作权集体管理制度。所谓民间文艺作品著作权集体管理制度，是指民间文艺作品权利人授权著作权集体管理组织，代为管理著作权或者与著作权有关的权利的制度。该组织得到民间文艺作品权利人的授权之后，可以自己的名义对其所代理的权利进行管理，包括以组织的名义对侵权人提起诉讼，监督民间文艺作品被使用的情况，与民间文艺作品的使用人或组织进行谈判，并发放授权许可、收取使用费，按照要求将使用费分配给各个有关权利人。类似的著作权集体管理组织目前在国内已有5家，即中国音乐著作权协会、中国音像著作权集体管理协会、中国文字著作权协会、中国摄影著作权协会和中国电影著作权协会。这些组织的宗旨、机构和管理方式对民间文艺作品著作权集体管理组织的成立，有重要的参考价值。我们对这一组织是否需要由民间文艺家协会来发起成立做了论证，认为民间文艺家协会开展这项工作有四个方面的优势。第一，民间文艺家协会一直从事抢救、挖掘、整理、传承、普及民间文化的工作，同时也是全国

各地区、各民族民间文艺工作者的知情人。第二，民间文艺家协会从新中国成立以来就开始着手搜集民间文艺作品，并作了数字化的处理，有保护民间文艺作品著作权可以参考的第一手资料。第三，民间文艺家协会有一大批民间文艺界专家，知识储备丰富。第四，民间文艺家协会了解传承人和民间文艺发展的实际情况，有较好的把控能力。在课题调研中，景德镇的陶瓷工艺受到侵权最多、涉及金额最大的，并且由于侵权的多是企业单位，而被侵权的往往是工艺家个人，力量的不平衡，导致民间工艺家的维权行动困难重重。在我们与景德镇的工艺大师、法律专家以及市文联、政府版权机构的工作人员的座谈会上，与会人员主要就民间工艺作品的版权登记问题和维权机构的成立问题进行了探讨。首先是版权登记的问题。景德镇的民间文艺家创作了新作品，需要到市版权局进行登记。相关的法律专家认为，虽然进行版权登记只能作为版权纠纷案件中的初步证据，但是登记还是必要的，因为这是第一手资料，为保留证据、确保证据的公信力、提高获取证据的效率等提供了捷径，侵权者会因此有所忌惮，所以，版权登记对侵权行为有一定的防范作用。但法律专家同时指出，考虑到陶瓷作品的特殊性，一些已经进入公有领域的作品图案，如常在瓷器上见到的传统"福""禄""寿"之类的图案，则不能予以登记，因为这类已经形成固有形态的传统图案，很难界定所有人，与明确创作者的作品一样登记，会引起版权登记领域的混乱，这就要求负责版权登记的工作人员具备民间文艺方面的专业知识。其次是维权机构的成立问题。与会专家都认为有必要由民协协助、组织推动，成立一个由相关国家机构授权的、独立运作的民间文艺作品著作权保护机构。这个机构是非营利的公益组织，成员以兼职、志愿者为主和专家聘任制；经费可以从民协会员缴纳的会费当中划拨一定比例作办公开支，政府给与一定的资助，也可以在为民间文艺家做版权登记服务时收取一定的费用。在调研中我们了解到，景德镇市民间文艺家协会本着为会员服务的宗旨，急会员之所急，已经做了大量的面对会员的维权工作，以其切身体会，希望能早日成立一个合法民间文艺作品著作权维权机构，使他们的维权工作能更高效地开展起来。民间文艺维权机构成立后，民协会员都可以加入，该机构代管其相关权利，以集体的名义处理各种侵权纠纷。如此，对于更加有效地保护民间文艺作品的著作权，无疑将起到重要作用。中国民间文艺家协会不妨以景德镇为示范，作进一步深入探讨。如果景德镇的尝试获得成功，可以在全国加以推广，或上升为更集中行为，将更多有维权诉求的民间文艺家都吸纳到这样的组织当中来，该组织也能更好地为民间文艺家提供维权服务。我们在调研中还了解到，目前景德镇市民间文艺家协会面临的困难是，缺乏专业的陶瓷鉴定评估队伍，导致侵权行为发生和案件审理当中，无法及时准确地做出鉴定。因此有关工作人员在座谈会上提出，希望能建立一个"文艺志愿服务团"，团结一批有鉴定资质和义务地为艺术家服务精神的陶瓷艺术专家，为成立"景德镇艺术陶瓷鉴定评估中心"做准备。

  此外，全国及地方各级民间文艺家协会的权益保护部门的职能不仅是侵权行为发生时去"救火"，还应该关注如何防范侵权行为的发生。这就要求各民间文艺家协会在日常工作中和平时举办的相关活动中，将维权理念渗透进去，提高民间文艺家的法律意识和维权意识。各地方民间文艺家协会还可以与地方版权行政管理机关和司法机关合作，为民间文艺家提供法律知识培训与咨询服务，比如提醒民间文艺家注意作品的专利申报与版权登记，遭到侵权后注意及时和正确地采集证据等等。

(二)开展作品对象归类与登记工作

著作权保护的民间文艺作品对象范围多样化而复杂化，需要各地区做好严谨的申报工作，通过国务院主管部门进行审核、归类，使民间文艺作品的表现形式直观化、固定化、易操作化，为实践中作品的使用、流转或侵权问题都带来了便利和保护依据。

对于我国民间文学艺术作品的保护范围，民间文艺作品保护借鉴国际立法1982年《示范法条》中的相关规定，结合我国各地区现有的条例和实际国情，在制定相关民间文学艺术作品版权保护的立法中，民间文艺作品的版权保护的范围应当包括：文学表达作品、音乐表达作品、艺术活动表达作品和美术工艺作品。

1.文学表达作品，也有学者称之为语言表达形式、口头表达形式等。文学在现代专指用语言塑造形象以反映社会生活，表达作者思想感情的艺术，通常分为诗歌、散文、小说、戏剧文学四种体裁。在各种体裁中又有多种多样的形式，包括诗歌、歌谣、史诗、叙事诗、谜语、谚语、歇后语、格言、神话、传说、故事、笑话等等。在国务院批准文化部确定的第一批国家级非物质文化遗产名录中，民间文学作品共计31项，如苗族古歌、布洛陀、刻道、白蛇传传说、梁祝传说、孟姜女传说、

董永传说、西施传说、济公传说、古渔雁民间故事、刘三姐歌谣、阿诗玛、青林寺谜语等民间文学作品。可以看到，很多都是我们所熟悉的民间故事和传说。文学表达形式包括了传说、歌曲以及谜语等特殊的表达形式。如果没有这次立法的需要，也许许多久远的传说和边远的地区富有民族特色的优秀作品也就难以流传和传承，若被恶意商业化利用和恶意歪曲，不仅伤害了创造群体的权利利益，更会失去优秀的富含民族情感的精神财富。

2. 音乐表达作品。音乐是通过有组织的乐音所形成的艺术形象表达人们的思想感情，反映社会生活。音乐是表演艺术，必须通过演唱、演奏，才能为听众欣赏。民间音乐分为民歌和民族器乐。音乐表达形式中包括了乐曲和表演者的演唱，属于时间艺术文化。音乐表达作品凭借乐曲或歌词来表达思想感情。在非物质文化遗产保护名录中，所登记和公布的作品有河曲民歌、蒙古族长调民歌、巢湖民歌、兴山民歌、梅州客家民歌、中山咸水歌、巴山背二歌、藏族拉伊、聊斋俚曲、川江号子、侗族琵琶歌、古琴艺术、唢呐艺术、羌笛演奏及制作技艺、江南丝竹、广东音乐、潮州音乐、花儿等共计72项作品。包含了民歌、调子、音乐、乐器和乐器的制作技艺，保护的内容非常广泛和细致。其中花儿作为一大类里还详尽了各小类，如莲花山花儿会、二郎山花儿会、宁夏回族山花儿会、松鸣岩花儿会等8类，可以看到作品保护类别的细分和明确，对司法实践的判决依据非常有利。

3.表演艺术作品。这一类的作品范围较其他3类都要宽泛，包括民间舞蹈、传统戏剧、曲艺。其中民间舞蹈类的名录收有41项，如京西太平鼓、秧歌、龙舞、狮舞、高跷、安塞腰鼓、余杭滚灯、土家族摆手舞、苗族芦笙舞、铜鼓舞、傣族孔雀舞、彝族烟盒舞等。而秧歌中又细分了昌黎地歌、鼓子秧歌、胶州秧歌、海阳大秧歌、陕北秧歌、抚顺地秧歌，龙舞中又细分了铜梁龙舞、湛江人龙舞、汕尾滚地金龙、浦江板凳龙、长兴百叶龙、奉化布龙、泸州雨坛彩龙等。对于同一种大的类别的舞蹈形式，由于各个地区的民族表达方式和风格的差异，这样的保护分类充分的具体的作品形式，对于同类表达的作品的界定起到了一定的作用。传统戏剧方面共收录了92项，如中国江苏、浙江、上海、北京和湖南共同申报的昆曲，以及潮剧、青阳腔、宁海平调、川剧、湘剧、秦腔、豫剧、大平调、北路梆子、汉剧、粤剧、黄梅戏、木偶戏，还有由北京市、天津市、辽宁省、山东省和上

海市共同申报的京剧等。其中木偶戏也是细分了泉州、漳州、邵阳等不同地区的木偶戏分类。曲艺方面收录了46项，主要为评话、大鼓、说书等作品类别。此外，杂技作为一项重要的民间艺术作品形式，其归属也受到了许多学者的关注。目前，我国《著作权法》第三条将杂技作品列为著作权保护范围。而在世界上，将杂技艺术进行版权保护的国家非常少。其实，杂技艺术具备民间文学艺术的所有法律特征，应当属于民间文学艺术，在未来的民间文学艺术立法当中，应将其列入保护范围，在非物质文化遗产保护的名录中就有共计17项的杂技与竞技作品。

4.美术作品。民间美术的概念是我国文化界学者较多采用的，包括绘画、书法、雕塑、工艺美术、建筑艺术等，名录中也收录了共计51项，主要有年画、剪纸、刺绣、玉雕、石雕等作品。此外，有学者认为民间工艺美术品的制作工艺、流程等不应属于这里所说的美术表达形式，这些更类似于专利或技术，不具备民间文学艺术的文艺性特征，而应由1997年5月20日颁布的《传统工艺美术保护条例》进行保护。

（三）不同使用目的下民间文艺作品的保护

对于民间文艺作品在著作权保护下的使用问题涉

及著作权制度人身权和财产权保护问题,特别是民间文艺作品作为一种体现民间文化和民族思想情感的表达形式,如果人身权和财产权受到了侵权,则侵害的不是简单的个人,而是整个民族或群落。因此,就人身权和财产权的两个方面,相关民间文学艺术作品版权保护的立法可以就不同的使用目的对民间文艺作品进行权益保护。

1.本民族群体在该地区内使用作品。群体及其成员对自己的民间文学艺术作品在该群体内可以自由继续使用、交流和传播,以及通过创造和模仿等方式继续发展这些作品,因为这些作品本身便是属于这个群体的共有财产,是他们的前人和他们共同创作的结果,并且他们和他们的后人将继续对这些作品进行保持、传播、发展和丰富。

2.采风收集人使用作品。采风收集人作为民间文艺作品发源地和流传地群体之外的重要传播者,法律上如何规定其对于民间作品的利用模式非常重要。采风收集人是较为直接深入了解和采集民间地区文化艺术的主体,他们对民间文化的传播和流传拥有着非常重要的地位,发挥着十分重要的作用,是作品由集中地发散到外界更广地区范围的重要渠道和途径。采风收集人往往是民间文化的热爱者，他们对民间作品的收集的初衷往往也是为了让更广的地区和人们感受到中国久远和富有特色的民间文化和艺术，在收集和收编之上，他们也无形地凝结了自己的劳动成果。对于民间作品的汇编或者是在此民间元素的基调之上创造的作品，在使用的过程中，必须注明采集原料的出处和原创作品的相关信息，对于使用的权限则可以不需要经过原创作品群体权利人的许可，这是充分考虑了有利于文化传播的方式。

3. 教育文化目的使用作品。教育文化方面的利用模式相对而言应该是限制最为宽泛的领域。文化就是要使更多的人们了解、学习和改进，教育文化的利用模式主要是将民间文艺作品收纳入教科书或其他文化知识读本之中，通过阅读人群来传播和发扬民间传统文化。这些层面上的利用则完全可以通过法定许可的方式来利用。再者，便是通过媒体渠道来宣传我国的地区民间文化，这些方面的利用可以通过经权利主体的允许来实现，对于商业化的媒体宣传则应当支付一定的费用。这涉及了作品的使用许可权问题，可以看作是对民间文学艺术作品进行发展和传播的一种鼓励。文化在一定意义上说，得以流传和传承就是它最大的现实意义，没有后人对民间文学艺术作品进行利用、表演和传播，许多民间文学艺术作品也许就会面临濒临消失的局面。但如果未经许可，任何人都可对其进行利用，就会导致对民间文学艺术作品的滥用。因此，使用许可权的制度必须要制定得易于操作化和现实化，减少因使用而发生的纠纷。

4.商业化目的使用作品。对于最为广泛利用的商业化利用领域，立法方面则需制定得较为详尽和具有可操作性，因为如今引起大量纠纷和困境的主要就是商业化利用不当和侵害权利的问题。商业化利用上，商家是有商机和有利可获的，免费获取民间文艺作品而单方面增加自身收益，无疑对民间文艺作品是一种无成本的获利，不仅使民间文艺作品的权利主体得不到应有的保护和文化维护的补偿，也有可能对歪曲和毁损民间文化形象的情况得不到规制和保障。必须设立相关机构收取一定的费用，使著作权利群体所应有的劳动智力成果获得相应报酬。

5.国外商业利用使用作品。目前，国际上虽对保护民间文学艺术达成共识，但欧洲及西方发达国家认为民间文学艺术属于公有领域，可以自由复制和表演，无需经过许可和交付使用费，而一些具有丰富民间文学艺术资源的发展中国家却主张对民间文学艺术予以版权保护或其他保护。鉴于此，发达国家对民间文学艺术大规模地无偿性利用，从中获利，却不对民间文学艺术的发源地、创作民族进行任何经济补偿，甚至对民间文学艺术进行任意的歪曲、篡改，伤害了创作民间文学艺术民族的感情。因此，对于国外利用我国民间文艺作品制作的作品或引用我国的相关民族文化元素，应通过我国的文化或其他主管机关申请许可，在我国审批其没有对我国造成不良影响或作出歪曲形象的前提下批准利用我国民间作品题材，并需向我国支付一定的费用。这就特别需要保护我国民间文艺作品的完整性权利。不少发达国家对发展中国家的民间文学艺术作品进行商业利用，美国利用我国的花木兰的民间故事所制作的电影就是一个很典型的例子。而对于另外一些为了迎合市场需求而对民间文学艺术作品的原有形式、内容进行歪曲、滥用的商业利用，这些行为破坏了民间文学艺术作品的真实性，也对民间文学艺术作品起源群体的感情和尊严造成了伤害。

第二节　民间文化探源研究与民间文艺版权保护

目前,我国已经加入了几乎所有主要的知识产权国际公约。到2035年,我国将基本建成知识产权强国,使我国知识产权创造、运用、保护、管理和服务跻身国际先进行列,让知识产权成为驱动创新发展和支撑扩大开放的强劲动力。到本世纪中叶,我们将全面建成中国特色、世界水平的知识产权强国,使我国知识产权创造、运用、保护、管理和服务居于世界领先水平,让知识产权成为经济社会发展强有力的技术和制度供给。面对百年未有之大变局,知识产权事业发展面临更多机遇和挑战。要深刻理解和认识"知识产权保护是首要任务"的理念;要积极发挥知识产权促进作用;要充分发挥民间文化起源地探源工程在知识产权运用转化中的重要作用。

一、民间文化起源地探源工程的内容、范围、分类、原则

民间文化起源地,是某一民间文化形态发祥、起源之地。民间文化形态万千、内容多样,往往是多源一体、多源多脉。因此,对各类民间文化样式起源地进行多学科深入研究,摸清家底,梳理文脉,抢救宝藏,进而构

建知识产权体系，对于继承、弘扬中华民族优秀传统文化，建设文化强国，具有重要意义。

民间文化起源地探源工程，是探索、梳理各种民间文化形态的发端、诞生、发展、演变的学术研究及在此基础上展开的相关文化实践活动。民间文化起源地研究的内容和范围包括民间文化起源地的源头根脉、起源发祥、演变发展、传承传播、地域特色、空间分布、民间传习、资源转化、赋能创新。按照民间文化分类，民间文化起源地研究对象可划分为两大类别，即物质文化形态民间文化起源地探源和非物质文化形态民间文化起源地探源。

物质文化形态民间文化起源地探源包括：①民间聚落（各类民居、少数民族聚居地）起源地探源；②民间生产（农耕和手工作坊）方式、作物、工具起源地探源；③民间生活（衣食住行、婚丧嫁娶）方式及其器具、器物起源地探源；④民间行当、行业组织起源地探源。非物质文化形态民间文化起源地探源包括：①民间文学（如故事、神话、传说、史诗等）起源地探源；②民间表演艺术（如民歌民乐、舞龙舞狮、皮影戏等）起源地探源；③民间美术（如剪纸、木版年画、麦秆画等）起源地探源；④民间手工制作技艺（如木雕、泥塑、刺绣等）

起源地探源；⑤民俗文化世相（如庙会香会、节日习俗、礼仪禁忌）等起源地探源。①

二、推动民间文化起源地探源工程需要准确把握的原则

一是坚持民间文化起源地的多源一体、多源多脉原则。②民间文化起源地，往往不是唯一的，而是多源多地。民间文化起源地研究与探源，主要是寻根溯源、梳理脉络、探明资源，而非仅仅去论证源头的唯一性。片面强调民间文化起源地的唯一性，以此作为研究和论证的主要目的，恰恰是民间文化起源地研究工作的重大误区，将使民间文化起源地探源失去应有的意义。例如，剪纸这一具有代表性的民间文化艺术形态，几乎在全国各地都有分布，各地剪纸艺术产生的时间有先有后，相邻地域的剪纸艺术形态之间也存在着传播承继的关系，形成了多源一体、多源多脉的局面。因此，对剪纸艺术起源地的研究，应结合某一地域的剪纸特殊艺术形态进行翔实的多学科探源，避免仅通过某一考古或史料记载就作出剪纸艺术"唯一起源地"这样简单的结论。

---

① 刘德伟、李竞生：《民间文化起源地探源与文化创意产业研究》，北京：知识产权出版社，2021，第10页。
② 刘德伟、李竞生：《民间文化起源地探源与文化创意产业研究》，北京：知识产权出版社，2021，第11页。

二是把握民间文化起源地研究的一般性与具体性相结合的原则。民间文化形态多样，丰富多彩，极具个性。研究民间文化起源，既要探寻一般规律，又必须针对具体形态。不能脱离具体的民间文化起源地形态作抽象、空洞的臆测、推论。

三是坚持民间文化起源地研究要从历史的、发展的、动态的视角把握的原则。民间文化形态具有多元性、流变性，随着时代的发展而发展，随着民间的、地域的流传而变化，而且往往缺少典籍、史料和文物的记录。因此，更需要从田野调查入手，通过实地调查与史料结合，厘清民间文化起源脉络，系统梳理民间文化发展线索和规律，为民间文化传承、发展奠定坚实基础。

四是坚持民间文化起源地研究要掌握时间、空间、民间三个研究维度相结合的原则。探寻民间文化起源地在时间、空间、民间三个维度上的传习、传播、发展、变化，既要借鉴历史学、地理学的研究方法，探索民间文化起源地的时空演变，也要从民族学、人类学、非物质文化遗产学的视角，探究民间文化起源地传承人的世代接续和民间文化起源地具体形态传习发展的规律。

五是把握好民间文化起源地研究与探源的择优原则，即具体的研究对象、研究范围的择优限定原则。研究对象要择优选择有影响、有传承、有价值、有发展的民间文化样式。避免将民间文化起源地庸俗化、泛化的倾向。[1]

三、民间文化起源地探源的价值和意义

第一，中国人素有认祖归宗的文化传统和追根溯源的民族特质，这是中华文明几千年薪火相传、文脉不断的根本缘由。民间文化起源地是中华优秀文化的重要组成部分，是民族文化不断向前发展的重要基因，是新时代增强文化自信的不竭泉源。对民间文化起源地的探究，可以系统梳理民间文化源流，剖析民间文化基因，从中获得启示，汲取力量，从民族根性文化和源头文化之中挖掘原生的动力和潜力，使之得到再创造、再发展、再前进的原发性活力与动力，从而实现优秀传统文化的创造性转化、创新性发展。

第二，作为"中国民间文化遗产抢救工程"的重要内容，民间文化起源地探源工程对于抢救濒危的民间文化遗产具有基础性作用。对于民间文化起源地及其演变、发展、传承、传播的系统研究和梳理，具有多元价值的民间文化形态，并通过多学科视角的审视辨析，

---

[1] 刘德伟、李竞生：《民间文化起源地探源与文化创意产业研究》，北京：知识产权出版社，2021，第12页。

不断促进各个民间文化形态研究深入开展。

第三，对民间文化起源地的探究，可以探明民间文化积淀的"库存"，开掘民间文化的富矿资源，用好民间文化起源活水，激发文化的凝心聚力、成风化人的独特作用，发时代之先声、开社会之先风、启智慧之先河，让古老的文化促进当代社会的变革前进和国家的兴旺发展，树立强大的文化自信，建设文化强国。

第四，民间文化起源地探源工程启动以来，完成了一系列具有重要价值和重大影响的研究课题，深化、扩展了地域文化研究的视角和力度，为地方政府提出了大量政策措施建议，为塑造地域文化品牌推动区域经济协调持续发展作出贡献。

第五，民间文化起源地文化探源工程中对跨境民族文化起源地的研究和论证，从时间、空间、民间三个维度明确了跨境民族民间文化的根脉属性，对于维护国家文化安全、巩固国家边防、掌握民族文化话语权等具有重要意义。[1] 同时，民间文化起源地文化的广泛传播，为讲好中国故事，推动"一带一路"建设，让中国文化走出去，在世界范围发扬中华优秀传统文化发挥着越来

---

[1] 刘德伟、李竞生：《民间文化起源地探源与文化创意产业研究》，北京：知识产权出版社，2021，第14页。

越重要的作用。

第六，民间文化起源地探源工程不但注重寻根溯源，梳理文脉，而且更加注重优秀民间文化的传承与发展。该工程通过构建民间文化起源地知识产权体系，创造性地设计运用起源云网络平台、构建新型多业态的文化产业空间——起源馆、编制民间文化起源地信息数据标准、建设民间文化产业起源创始人数据库等方法，为民间文化的创造性转化、创新性发展作出了重要探索，取得了突破性进展。

第三节 民间文化探源实践中的知识产权保护

民间文化起源地知识产权包括专利、商标、版权三个领域。运用好民间文化起源地知识产权，就要维系知识产权所有者、传播者与社会大众之间的利益平衡关系。版权作为其中一个重点领域，在民间文化探源实践中有重要意义。

一、民间文化起源地知识产权体系构建

民间文化起源地知识产权体系围绕著作权、商标权和专利权来展开。民间文化起源地探源工程开展实施后即制定了起源地文化知识产权保护方案。起源地（北京）文化传播中心向国家知识产权局申请了"中国起源地""中华源字号""中国旗袍文化节""中国葫芦文化节"等著作权保护，申请了"起源地""源字号"等300项全类别商标保护，获得国家版权局和国家商标局颁发的证书，有效地保护了起源地文化知识产权。截至2021年8月，民间文化起源地探源工程已取得由国家版权局统一监制作品登记证书（版权）429件，包括中国旗袍文化节、中国年文化节、中国品牌文化节、中国葫芦文化节、中国起源地文化节、中国起源地文化论坛等。注册商标485件，包括起源地、源贡、源字号、起源馆、起源云、源宝、起源人等。

二、民间文化起源地知识产权的特征

民间文化起源地知识产权保护分为商标权保护、专利权保护、著作权保护，主要内容包括民间文化、民间习俗、节日节庆、民间艺术、传统技艺、传承人、创始人、农耕文化、地名、民间品牌、综合等类别起源地的民间文化的知识产权保护。

民间文化起源地知识产权的保护是一个涉及国家文化安全以及涉及区域性、团体权益和个体权益关系等方面的课题，具有其他领域知识产权保护不具备的特殊复杂性。有四个方面的特征：一是民间文化起源地的"多源一体"和"多源多脉"特性给寻根探源工作带来较大难度，从而导致"确权难"的问题；二是长期以来社会上对民间文化起源地品牌、知识产权意识淡薄，保护乏力，知识产权容易被剽窃，从而形成"观念淡"的问题；三是民间文化知识产权的维权周期长、成本高，从而导致"维权难"的问题；四是民间文化知识产权的应用价值和体现形式具有多面性，存在"不明确"的问题。

民间文化起源地知识产权保护具有广泛性和代表性。进入新时代，让民间文化起源地与时尚相结合，让民间文化起源地与国际潮流相融入，让隐藏在山水之间的乡风民俗成为社会热点，是民间文化起源地探源的责任和使命。其中，知识产权的保护和运用将会发挥更重要作用。做好民间文化起源地知识产权保护工作是激活文化资产价值的有力手段，只有通过实施全方位的、严格的知识产权保护，才能更好地激活和展示出民间文化起源地的多元价值。

三、民间文化起源地知识产权的特色

首先，在地域文化创新发展中占据重要地位。

国家"十四五"规划强调，要以知识产权利益分享机制为纽带，以知识产权运营平台为载体，促进创新成果知识产权化、知识产权产业化，努力提升知识产权对国家经济社会发展的贡献度。文化产业的发展离不开知识产权制度和版权经济，作为现代化经济体系的重要指标之一，版权经济蕴含着巨大的发展潜力。如今我国在知识产权保护方面不断取得进展，文化创意产业与版权价值产业链的互补融合，是丰富我国文化产业收入模式的有效途径，而版权价值产业链的核心是保护著作权人的利益，以激励文化创新的积极性。起源地文化蕴含丰富的知识产权宝库，是中华优秀传统文化的重要组成部分。民间文化起源地的核心就是知识产权，未来起源地文化产业文化的核心动力、核心竞争力也是知识产权，知识产权保护与应用贯穿民间文化起源地传承创新发展的全过程。在地域文化（特别是县域文化）的创新发展中，起源地文化知识产权发挥的作用日益凸显。

其次，由保护向创新转型。

近年来，中国民协中国起源地文化研究中心致力于起源地文化知识产权的保护，如中国旗袍文化起源地、中国葫芦文化起源地、中国精卫文化起源地、中国饺子文化起源地、中国纸上刀绘文化起源地、盛京满绣文化起源地、中国美发行业文化起源地均已在国家版权局、国家知识产权局进行登记保护。起源地文化传播（北京）中心联合知识产权出版社出版了《中国起源地文化志系列丛书》之《中国旗袍文化》《中国葫芦文化》《中国精卫文化》《天妃文化在宁波》等。充分总结起源地文化知识产权保护的理论和经验，在此基础上开拓创新，积极建设起源云——中国文旅科教云平台、起源馆、起源人、起源库、品牌文化节、中国年文化节等创新项目，努力走好民间文化起源地知识产权转化创新之路。

四、民间文化起源地知识产权管理概况

由起源地文化传播（北京）中心统一安排，负责产权管理工作，在服务好成员单位、合作单位及业务单位的知识产权注册受理工作前提下，拓展知识产权相关业务工作。人员构成以起源地文化传播北京中心为核心，内设项目负责人1名、业务人员若干、图文设计1名。

工作流程（以版权注册流程为例）：

第一，梳理版权申请清单；

第二，整理、收集相关材料并确认；

第三，修改、确认、报价；

第四，整理文书、申请人签字（盖章）；

第五，登记注册；

第六，国家知识产权局审查（周期三个月）；

第七，下发证书。

五、民间文化起源地知识产权保护与应用案例

（一）天津市宝坻区范制葫芦文化起源地课题研究和葫芦文化起源馆

2019年，范制葫芦文化起源地研究课题在宝坻开展并结项。范制葫芦知识产权体系建设随之开始。范制葫芦知识产权体系建设，围绕4个方面展开：

（1）范制葫芦行业标准制定，包括原料、种植、育种、制作、工艺等标准；

（2）范制葫芦制作技艺申报国家级非遗作品名录和国家级非遗传承人；

（3）范制葫芦及其系列文创产品的著作权、商标权、专利权注册；

（4）葫芦文化起源馆的知识产权体系建设，包括名称、标识、外形、结构、设计、系列产品、系列品牌、系列活动、相关发明等的版权、商标注册等。

（二）沈阳市饺子文化起源地课题研究和饺子文化起源馆

2018年，饺子文化起源地研究课题在沈阳开展并结项。饺子文化起源地知识产权体系建设随之开始。饺子文化起源地知识产权体系建设，围绕4个方面展开：

（1）饺子饮食文化体系国家行业标准制定，包括

原料、制作、包装、卫生、储存等；

（2）饺子制作技艺、饺子生活习俗申报各级民间文艺作品名录；

（3）饺子文化及其相关的著作权、商标权、专利权的注册；

（4）饺子文化起源馆的知识产权体系建设，包括名称、标识、外形、结构、设计、系列产品、系列品牌、系列活动、相关发明等。

参考文献

1.谢瑾勋.民间文学艺术作品保护路径研究［D］.北方工业大学，2020.

2.李昕彤.民间文学艺术作品著作权保护困境与对策［D］.兰州理工大学，2022.

3.曾钰诚.民间文学艺术作品著作权保护问题再思考——以《民间文学艺术作品著作权保护条例（征求意见稿）》为视角［J］.广西政法管理干部学院学报，2016（2）.

4.中国文联权益保护部.中国文联文艺维权手册与案例选编（2009—2012）［M］.北京：中国文联出版社，2014.

5.中国民间文艺家协.中国民间文艺权益保护

[M]．北京：中国文史出版社，2012．

6.刘德伟，李竞生．民间文化起源地探源与文化创意产业研究[M]．北京：知识产权出版社，2021．

附　录

民间文学艺术作品著作权保护条例
（征求意见稿）

第一条（宗旨）

为保护民间文学艺术作品的著作权，保障民间文学艺术作品的有序使用，鼓励民间文学艺术传承和发展，根据《中华人民共和国著作权法》第六条，制定本条例。

第二条（定义）

本条例所称民间文学艺术作品，是指由特定的民族、族群或者社群内不特定成员集体创作和世代传承，并体现其传统观念和文化价值的文学艺术的表达。

民间文学艺术作品包括但不限于以下类型：

（一）民间故事、传说、诗歌、歌谣、谚语等以言语或者文字形式表达的作品；

（二）民间歌曲、器乐等以音乐形式表达的作品；

（三）民间舞蹈、歌舞、戏曲、曲艺、等以动作、姿势、表情等形式表达的作品；

（四）民间绘画、图案、雕塑、造型、建筑等以平面或者立体形式表达的作品。

第三条（适用范围）

本条例适用于中国民间文学艺术作品。

外国民间文学艺术作品依据该国与中国签订的协议或者共同参加的国际条约，受本条例保护。

第四条（主管部门）

国务院著作权行政管理部门主管全国民间文学艺术作品的著作权保护工作，国务院其他部门在各自职责范围内负责相应工作。

第五条（权利归属）

民间文学艺术作品的著作权属于特定的民族、族群或者社群。

第六条（权利内容）

民间文学艺术作品的著作权人享有以下权利：

（一）表明身份；

（二）禁止对民间文学艺术作品进行歪曲或者

篡改；

（三）以复制、发行、表演、改编或者向公众传播等方式使用民间文学艺术作品。

第七条（保护期）

民间文学艺术作品的著作权的保护期不受时间限制。

第八条（授权机制）

使用民间文学艺术作品，应当取得著作权人的许可并支付合理报酬，或者向国务院著作权行政管理部门指定的专门机构取得许可并支付合理报酬。

使用者向专门机构申请许可的，应当说明其使用民间文学艺术作品的名称、数量、范围以及期限等信息。除非有特殊原因，专门机构不得拒绝授权。使用者支付的合理报酬一般按照其使用民间文学艺术作品的经营额的百分比计算，具体比例由专门机构根据实际情况确定。

民间文学艺术作品的著作权人或者专门机构不得向任何使用者授予专有使用权。

特定的民族、族群或者社群的成员基于传承目的以传统或者习惯方法使用本民族、族群或者社群的民间文学艺术作品，无需履行本条第一款程序。

第九条（备案公示）

著作权人可以将其民间文学艺术作品向第八条规定的专门机构进行备案。经备案的民间文学艺术作品著作权文书是备案事项属实的初步证明。专门机构应当及时向社会公示备案的民间文学艺术作品信息。

民间文学艺术作品未进行备案的，不影响其著作权。

民间文学艺术作品的著作权备案办法由国务院著作权行政管理部门另行规定，收费事宜由国务院著作权行政管理部门会同国务院价格主管部门制定。

第十条（改编作品授权）

特定的民族、族群或者社群以外的使用者使用根据民间文学艺术作品改编的作品，除取得改编者授权外，应对其使用民间文学艺术作品的行为按照本条例第八条第一款规定取得许可并支付合理报酬。

前款使用者使用根据民间文学艺术作品改编的作品，符合《中华人民共和国著作权法》关于著作权法定许可的相关规定的，无需按照本条例第八条第一款取得许可，但应按照国家规定的法定许可报酬的适当比例向民间文学艺术作品的著作权人支付合理报酬。

第十一条（利益分配）

国务院著作权行政管理部门指定的专门机构应当将其收取的民间文学艺术作品著作权报酬及时分配给相应的民族、族群或者社群。

前款所述著作权报酬自收取后五年内因著作权人无法确认而不能分配的，用作鼓励中国民间文学艺术的传承、弘扬和发展。

专门机构应当建立数据库，每年向社会公示民间文学艺术作品著作权报酬的收取和分配等相关情况。

第十二条（口述人、表演者和记录者）

搜集、记录民间文学艺术作品的人为记录者。记录者在搜集、记录民间文学艺术作品时应指明口述人、表演者身份。记录者应当与口述人、表演者等就劳务报酬问题进行协商。

使用记录者搜集、记录的民间文学艺术作品，应当指明口述人、表演者和记录者身份。

第十三条（权利转让和权利负担）

民间文学艺术作品的著作权不得转让、设定质权或者作为强制执行的标的。

第十四条（限制与例外）

在下列情况下使用已经公开的民间文学艺术作品，

可以不经著作权人许可,不向其支付报酬,但必须指明来源,不得贬损著作权人,不得与民间文学艺术作品的正常利用相冲突,不得损害著作权人依法享有的其他合法权利:

(一)为个人学习或者研究目的使用的;

(二)为教育或者科研目的使用的;

(三)为新闻报道或者介绍评论目的使用的;

(四)图书馆、档案馆、纪念馆、博物馆或者美术馆等为记录或者保存目的使用的;

(五)国家机关为执行公务目的使用的;

(六)其他法律法规有规定的。

第十五条(民事责任)

侵害民间文学艺术作品著作权的,应当依法承担停止侵害、消除影响、赔礼道歉或者赔偿损失等民事责任。

使用民间文学艺术作品发生纠纷的,著作权人的代表可以以著作权人的名义依法提起仲裁或者诉讼;国务院著作权行政管理部门指定的专门机构可以以自己的名义依法提起仲裁或者诉讼,并及时通知著作权人的代表。

第十六条(免责条款)

使用者依照本条例第八条规定取得专门机构许可

并支付合理报酬后使用民间文学艺术作品,该民间文学艺术作品的著作权人提起诉讼的,使用者不承担赔偿责任。

第十七条(行政责任和刑事责任)

侵害民间文学艺术作品的著作权,同时损害公共利益的,可以由著作权行政管理部门责令停止侵权行为,予以警告,没收违法所得,没收、销毁侵权制品和复制件,非法经营额五万元以上的,可处非法经营额一倍以上五倍以下罚款,没有非法经营额、非法经营额难以计算或者非法经营额五万元以下的,可处二十五万元以下的罚款;情节严重的,可以没收主要用于制作侵权制品和复制品的材料、工具、设备等;构成犯罪的,依法追究刑事责任。

第十八条(假冒条款)

制作、出售或者向公众传播假冒民间文学艺术作品的,著作权行政管理部门可以依照本条例第十七条规定的措施实施行政处罚。

第十九条(兜底条款)

对出版者、表演者、录音制作者以及广播电台电视台的权利的保护以及其他本条例未作规定的事项,适用《中华人民共和国著作权法》相关规定。

第二十条（衔接条款）

本条例施行前发生的使用民间文学艺术作品的行为，依照使用行为发生时的有关规定和政策处理。

第二十一条（施行日期）

本条例自　年　月　日起施行。

《民间文化艺术版权保护问题研究》课题报告书

本课题组成员

学术顾问：

邱运华　中国民间文艺家协会分党组书记、副主席、教授

组长：

刘德伟　中国文联民间文艺艺术中心研究员

成员：

万建中　中国民协副主席、北京师范大学教授

陈少峰　北京大学文化产业研究院学术委员会主任、教授

林继富　中国民协副主席、中央民族大学教授

李竞生　中国民协中国起源地文化研究中心执行

主任

曹　莹　中国民协中国起源地文化研究中心副主任

唐　磊　起源地文化传播（北京）中心副主任

郑　鑫　中国民协造像艺术委员会副主任、秘书长

谢　麟　福建省工艺美术大师

内容提要

民间文学艺术作品（以下简称"民间文艺作品"）与一般文学艺术作品不同，它具有集体性、民族性、地域性、传承性、变异性等特点，是人类宝贵的非物质文化遗产和精神财富。改革开放以来，民间文艺作品的经济价值逐渐被发现，导致民间文艺作品被非法利用的情况激增。与此同时，很多民间文艺样式由于后继无人而面临消亡的风险。因此民间文艺作品的著作权保护显得尤为必要和急迫。

我国幅员辽阔、历史悠久、民族众多，民间文学艺术资源十分丰富。1990年颁布的《中华人民共和国著作权法》规定"民间文学艺术作品的著作权保护办法由国务院另行制定"，但《民间文学艺术作品著作权保护条例》一直没有正式颁布。民间文艺的特殊性，使得对其立法保护和司法实践存在学术争议和操作难题。因此，系统梳理民间文艺版权保护理论和实践中存在的问题，深入调查侵权案例，了解它们发生的前因后果，对于《民间文学艺术作品著作权保护条例》的制定有重要的参考价值和促进作用。

为此，本课题主要从以下几方面对我国民间文艺作品版权保护问题进行分析。

第一部分，分析民间文艺的特殊性及其版权保护的迫切性。

第二部分，分析中国民间文艺作品版权保护理论和实践中存在的主要问题。

第三部分，对《民间文学艺术作品著作权保护条例》重点条款进行解析，提出相关建议。

第四部分，结合实际提出民间文艺知识产权保护和应用的路径和方法。

第五部分为附件，梳理并回顾了课题的研究过程、研究结论和社会影响。

民间文艺版权保护问题研究

一、民间文艺分类、特性及其版权保护的迫切性

民间文艺是人民群众在日常生活中集体创作的、具有特定区域性的文学艺术，表现了不同区域、不同民族、不同时代的价值导向、道德规范、情感取向和审美情趣，具有鲜明的人民性特征。民间文学艺术作品则是在民间文学艺术传统的基础上加工而成，是民间文学艺术的展示形态，作为民间文学艺术的某种载体和具体表现方式存在，是中华传统文化的重要组成部分，反映了特定群体在生产生活中思想情感的表达和多样文化的传承。一般来说，民间文艺分为民间文学、民间艺术、民俗文化三个主要类型。

（一）民间文学作品的特殊性

民间文学是指人民群众口头创作、口头流传，并不断地集体修改、加工的文学。包括神话、民间传说、民间故事、歌谣、长篇叙事诗以及小戏、说唱文学、谚语、谜语等体裁的作品。中国民间文学是多民族的民间文学，各民族的民间文学存在着相互交流、互相影响的现象。我国是统一的多民族国家。汉族人口数量多，

文明发展也较早。但它一开始就不是单一的民族，在历史发展中才形成了统一的民族。在它的整个文化形成中，也包含着本来各自独立的又各具特色的文化成分。同时在汉族本身的融合、发展中，和许多周围的民族在文化上互相影响和互相促进。因此，汉族的民间文学，与各民族民间文学相互交错、连接。特别是民族间接触较早或居住交错、毗邻的民族产生的影响痕迹更为显著。各民族民间文学的相互接受大都是以自己民族的生活和文化为基础，进行选择、取舍、改造、加工。

民间文学是广大人民群众长期生产生活的产物。随广大人民社会生活的需要产生和流传，它生动地反映了人们各方面的生活和相关的思想、感情，它直接或间接地为人们的生活服务，给人以知识、教诲、鼓舞和希望，其中有些本身就是生活的构成部分。与作家文学相比，民间文学有其独特性。由于它的作者人数的众多和生活在底层，他们能够更广泛、深切、生动地反映社会生活。它的社会功用，也和书面文学有很多不同的地方。许多民间谚语就是劳动人民生活和劳作的教科书。不少劳动号子，是人们在各种劳作中调整呼吸、动作和鼓舞情绪不可缺少的表达。许多世代相传的古老神话和传说，不但传述了一定的历史知识，还培养维系着国家民族团结的感情。许多保卫乡土、保卫祖国的英雄传说，永远给广大人民以鼓舞和力量。

民间文学具有以下四个主要特点。首先，民间文学作品是集众人之智，采百家之思，由特定地区的集体创作而来的智慧结晶，彰显着鲜明的集体特性，并通过一代又一代参与者的集体劳动，不断发展成熟、稳定流传。因此，哪怕随着时代的变迁，其内容出现了不同程度的"更新"，却也仍然没有完全脱离原有的框架，依旧属于集体享有，具有集体性。其次，民间文学作品的创作离不开对其影响深远的传统文化背景，我国幅员辽阔，文化资源丰富，各个民族和地区的文化都各具特色，通过民间文艺作品这一载体被有形或无形地记录和表达出来，传递了一种"地域象征"，具有浓厚的地域性。再次，在民族、家族内部世世代代传承，并非是一蹴而就的静态留存，而是持续不断的动态创造。许多民间故事和传说就是在其漫长的发展过程中被一代又一代的人们不断丰富和创新，由此得以绵延不绝且更具生命力和现实意义。因此，传承性是民间文学作品与生俱来的一大特性。最后，民间文学作品多以口头相传的形式不断流传，其内容处于不断流变的过程当中，并且随着时代的不断发展进步，民间文学作品也在传承中不断创新，且新鲜元素的持续融入也使得民间文学作品不断推陈出新，焕发新的生命力，因此具有变异性的特点。

（二）民间艺术作品的特殊性

民间艺术，是指掌握了既定传统风格和技艺，由普通老百姓所创作或制作的表演艺术、民间美术和手工艺作品。事实上，民间艺术是针对学院艺术、文人艺术的概念提出来的。广义上说，民间艺术是劳动者为满足自己的生活和审美需求而创造的艺术，包括了民间工艺、民间美术、民间音乐、民间舞蹈和戏曲等多种艺术形式；狭义上说，民间艺术指的是民间造型艺术，包括了民间美术和民间手工艺的各种表现形式。按照材质分类，有纸、布、竹、木、石、皮革、金属、面、泥、陶瓷、草柳、棕藤、漆等不同材料制成的各类民间手工艺品。它们以天然材料为主，就地取材，以传统的手工方式制作，带有浓郁的地方特色和民族风格，与民间信仰和民俗活动密切结合，与生产生活密切相关。一年中的四时八节等岁时节令、从出生到死亡的人生礼仪、衣食住行的日常生活中都有民间艺术的陪伴。按照制作技艺的不同，又可以将民间艺术分为绘画类、塑作类、编织类、剪刻类、印染类等等。

从创作者的角度看，民间艺术是以农民和手工业者为主体，以满足创作者自身需求或以补充家庭收入为目的，甚至以之为生计来源的手工艺术产品。从生产方式看，民间艺术是以一家一户为生产单位，以父传子、师带徒的方式世代传承的。从功能上看，它包括了侧重欣赏性和精神愉悦的民间美术作品，也包括了侧重实用性和使用功能的器物和装饰品。作品的题材和内容充分反映了民间社会大众的审美需求和心理需要，造型饱满粗犷，色彩鲜明浓郁，既美观实用，又具有求吉纳祥、趋利避害的精神功能。

（三）民俗文化的特殊性

民俗文化，是一个国家或民族中为广大民众所创造、享用和传承的生活文化。它起源于人类社会群体生活，并在特定的民族、时代和地域中不断形成、扩大和衍变，为民众的日常生活服务。民俗是一种来自人民、传承于人民、规范于人民、深藏于人民的行为、语言和心理的集合体，具有广泛的社会性、集体性和传承性。中国地域广大、民族众多、历史悠久，在漫长的生产和生活过程中逐渐积淀出丰富多彩、千姿百态的民俗。她凝结着中华民族的民族精神和情感，承载着中华民族的文化血脉和思想精华，她既是中华文明的符号，也是中华软实力的载体。是维系社会稳定、促进民族团结、推动国家统一进步的独特力量。经过五千年历史长河的不断积淀和洗礼，很多民俗至今仍活态地在民间传承、传播、发展，很多已被列入世界非物质文化遗产名录之中，成为人类精神文明的共同财富。

民俗文化是流动的、发展的，它在社会的每个阶段都会产生变异，并在变异中求得生存和发展。当中国社会处于经济转型的关键时刻，民众思想观念和生活方式的转变必然表现在民俗文化的变化上，这是不以人的意志为转移的客观现实。寻找民俗文物，留下民众生活的历史，已成为一个重要的课题。中国是一个历史悠久的民俗文化大国，民俗文化不仅是历史的延续，而且还将会继续延续下去。正是这种民俗文化，在它形成和发展过程中，造就了中华民族的精神传统和人文性格，因此弘扬中国民俗文化传统，对增强中华民族的凝聚力，有着十分重要的意义。

关于民俗的范围与分类，不同的民俗学家由于不同的学术背景和特定的课题需要，有不同的说法。自然状态的民俗丰富多彩，千头万绪。民俗学产生不久，学者们就尝试提纲挈领地把握它们。中国民俗学界有这样几种分类。乌丙安在《中国民俗学》中把民俗分为四大类：经济的民俗、社会的民俗、信仰的民俗、游艺的民俗。

陶立璠在《民俗学概论》中则分为这样四类：物质民俗、社会民俗、口承语言民俗、精神民俗。张紫晨在《中国民俗与民俗学》中采用平列式方法把中国民俗分为十类：①巫术民俗；②信仰民俗；③服饰、饮食、居住之民俗；④建筑民俗；⑤制度民俗；⑥生产民俗；⑦岁时节令民俗；⑧生仪礼民俗；⑨商业贸易民俗；⑩游艺民俗。当代各种地方志性质的民俗志的分类方法有纲目式的，也有平列式的。

民俗文化具有以下特征。第一，自发性。从民俗文化的创作过程来讲，自发性体现在其创作的任性而作、随处可作的特点上。民俗文化大多是无名无姓的人们在其生活过程中创造的。因此，它时常是在自我娱乐、自我消遣的轻松前提下随口说来、随手作来，并在流传过程中，率性而作、随心而改，不必顾虑人们是否接受、作品内容是否成熟、是否有吸引力等等。第二，传承性。传承性首先体现为一种言传身教。其次体现于口口相传。在民俗文化作品的散播和接受过程中，"面对面"是其重要特点。民间文化作品一般都要实地表演、亲身展示或者付诸行动等，这些表现形式散播于村坊市井、街头巷尾，也出现于庭院房中、流传在欣赏者自己的口里。第三，俗化和程式化。喜闻乐见的形式秉承着一定的民族文化的传统形式，往往在长期的民间文化流传过程中形成了便于民众接受的程式化的审美形式。

（四）民间文艺版权保护的迫切性

民间文学、民间艺术、民俗文化三个主要类型民间文艺作品的上述特殊属性，使得对其实施版权保护存在较大难度，故而《民间文学艺术作品著作权保护条例》迟迟未能颁布。但是，时代的发展，对民间文艺作品的法律保护提出了迫切要求。

1. 捍卫国家文化安全的必然要求

经济全球化带来了文化一体化，发达国家与发展中国家的文化交流也越来越频繁。但是，由于发达国家在经济、科技以及话语权上的优势地位，他们常常歪曲使用发展中国家的民间文艺资源，并且借口民间文艺作品归属的群体性和公有性而拒绝支付报酬，并进行淡化其他国家传统文化内涵的改编。最著名的例子是1998年美国迪士尼公司出品的动画片《花木兰》。中国传统文化中木兰出于孝道替父从军的文化内涵在该片中被消解，取而代之的是美国式的价值观念。这部曲解中国民间文化内涵、借用中国文化元素吸引眼球的影片，为美国公司赢得了巨额票房，但是作为文化元素提供者的中国却没有得到任何报酬。可是在国际文化交流成为常态的21世纪，我们又不能因噎废食地拒绝文化输出，因此，民间文艺作品著作权的保护就显得尤为必要。保护民间文艺作品的著作权，能够保证民间文艺作品被正当合法使用。首先，故意歪曲使用民间文艺作品的行为将被禁止；其次，使用者将会被告知应该如何正当使用民间文艺作品，包括采录、整理、改编等诸环节；最后，民间文艺作品的权利归属将会得到明确界定，非权利人使用民间文艺作品需要支付相应的报酬。从国际角度来看，民间文艺作品著作权的保护意味着我国的民间文艺作品在国际文化交流中的合法权利将能得到保护，有利于促进国际文化的平等交流。从中国自身的角度来看，我国的民间文艺作品不仅体现了中华民族的民族精神与民族意识，更是我国文化主权的重要载体之一。因此，保护民间文艺作品的著作权也是强调我国文化主权、保证我国国家文化安全的必然要求。

2. 打击侵权行为，鼓励文化创新的必然要求

创新是市场经济体制下获得物质利益、促进行业发展的重要方式。但是由于《民间文学艺术作品著作权保护条例》尚未出台，我国民间艺术的创新成果得不到法律保护，常常被抄袭、复制和无偿使用。这种情况形成了，一方面，抄袭、复制、剽窃成本低，省时省力且利

益可观，因此侵权行为屡屡发生；另一方面，由于侵权行为的肆意猖獗，民间文艺家的创作热情严重受挫、创作动力不足，导致有的民间文艺门类存在日益走下坡路的态势。在课题调研中，根据宁夏回族自治区民间文艺家协会反馈的情况可以看出，宁夏民间文艺作品著作权保护存在不少问题。比如，剪纸领域的侵权现象很普遍：近年宁夏民间文艺家协会举办的剪纸展中，有的人用机器刻出来的剪纸参赛，谎称是自己的手工创作。剽窃他人作品，或者将机器生产的产品当作手工工艺品，都未付出创造性劳动，就能攫取物质利益，而法律监管体系的缺乏，使得这些明目张胆的"不劳而获"或"少劳多获"的侵权行为愈演愈烈。因此，民间文艺作品的著作权保护尤为必要。《民间文学艺术作品著作权保护条例》的出台能够有效地遏制和打击侵权者的违法行为，为民间文艺家的创作和创新提供法律保障。因此，民间文艺作品的著作权保护是打击侵权行为、鼓励文化创新的必然要求。

3. 濒临失传的民间文艺门类亟待挽救

现代社会的高度市场化使得某些民间文学艺术的门类快速发展起来，并产生了巨大的商业价值。但与此同时，也正因为市场的选择，另一些民间文学艺术门类由于不容易获利而遭到冷落，甚至到了后继无人、即将消亡的地步。湖南省江永县及其附近地区流传的"女书"是世界上唯一的女性文字，但它的唯一传人杨焕宜早在2006年就瘫痪在床；高密地区的民间绝活"扑灰年画"如今只掌握在一些老人手里，年轻人并不愿意学。这些入选国家级非物质文化遗产名录的民间文艺门类尚且如此，更不用说那些尚未入选的，存在于偏远地区的民间文艺门类了。民间文艺作品的持有者无法从中获利，且民间文学艺术长期以来不为主流社会所认同，致使如今的很多年轻人拒绝继承传统的民间文学艺术，宁愿外出打工，选择投靠大都市，放弃在传统生活环境中，以传统方式学习民间文学艺术。年轻一代缺乏传承意识固然是民间文艺发展受阻的原因之一，但重要的原因还是在于我国对民间文艺作品的保护力度不够，使其原有的价值不能在新的环境中完全体现。这就敦促我们必须争分夺秒地开展对民间文艺作品著作权的保护工作，以保证民间文艺各门类能够彰显它固有的社会和经济价值，使之得到很好的继承并持续发扬光大。

4.司法实践中无法可依的僵局亟待打破

由于《民间文学艺术作品著作权保护条例》尚未正式出台，目前的民间文艺作品侵权纠纷的处理情况比较复杂。原因是涉及民间文艺作品的司法实践陷入了无法可依的僵局。由于无法可依，民间文艺界的许多侵权行为最终不了了之；即使进入了诉讼程序，也只能勉强往现有的法律上靠，维权的理论基础非常薄弱。我们搜集到的大部分案例中，侵权纠纷的审判都是依据《中华人民共和国著作权法》，但由于许多民间文艺作品不符合其中"作品"的定义，因而面临败诉的结局；另一些民间文艺作品即便能勉强归到"作品"中，由于民间文艺作品的特殊性，最终的审判结果也不理想。如果从《著作权法》颁布开始算起，民间文艺领域的侵权纠纷无法可依的局面，已经持续了三十多年，我国民间文艺作品的保护进度远远落后许多发展中国家。迅速打破这一僵局，切实有效地保护我国的民间文艺作品，已成当务之急。

5.民间文艺家的切身利益亟待保护

随着文化体制改革的深化，不少非经营性文化事业单位改制为文化企业，使得原来的"单位人"变成"社会人"；民营艺术团体和自由职业者也越来越多。这种状况在民间文艺领域尤其突出。民间文艺领域的一个重要特点是，民间文艺家大多是个体，不属于某个单位。这种状况使得民间文艺作品著作权的保护更加困难。

因为个人的力量和精力有限，应对侵权行为势单力薄，维权难以取得实质性进展。在保护民间文艺家的利益方面，近年来也有一些成功的探索。改革开放以来，民间文艺界出现了"北（京）漂一族""景（德镇）漂现象"，即为了更好地进行民间文艺作品创作，民间艺术家群体移居到北京、景德镇等城市开展创作。他们相比较于当地民间文艺家来说，遭受侵权的可能性更大，同时维权力量却更为薄弱。各地民间文艺家协会在这方面对他们的帮助无疑是雪中送炭。近年来，北京民间文艺家协会向优秀"北漂"民间文艺家敞开大门，在京长期生活工作的非北京户籍文艺家都可以申请入会。来自内蒙古的剪纸艺术家孙二林多年前来到北京，积极参与北京民间文艺家协会的活动，在这个平台上，她获得了多次走出国门的机会，艺术上获得了长足的发展，作品得到了很好的保护。借助集体组织的力量，民间文艺家能够更加高效地维护自己的合法权益。但是并不是所有的民间文艺家都这么幸运，大部分民间文艺家还亟须法律、制度保障和相关机构的帮助，以持续有效地保护自己的合法利益。

（五）民间文艺作品与非物质文化遗产法律保护的区别

鉴于民间文学艺术作品与非物质文化遗产均是"传统文化"不可或缺的一部分，因此有学者主张将其归入非物质文化遗产一类。该方法尽管在一定程度上弥补了法律保护的缺失，但实际上这二者性质有所不同。根据2003年联合国教科文组织颁布的《保护非物质文化遗产公约》，其中第二条第一项、第二项通过列举的方式，对非物质文化遗产的概念和内容做了明确规定。相应的，我国在2011年颁布的《非物质文化遗产法》中对非物质文化遗产的定义也采用列举的方式，内容大致与公约相同。区别在于我国规定了"其他非物质文化遗产"的兜底条款，给予将来法律规定需要新增的非物质文化遗产项目留下空间。该空间的存在也给提出此类主张的学者给予了法律依据。

从国际公约以及我国法律所列举的相关内容上看，非物质文化遗产具有非物质性，该特性表明非物质文化遗产保护的重点是非物质的因素和精神内涵，它的存在更加偏向于保护非物质形态下精神领域的创造活动及其结晶，其价值体现也偏重于最终呈现的精神层面的内涵和传统意识，而不是它们存在的各类载体，而民间文学艺术作品更多强调的是载体本身,并非仅仅精神层面。由此可见二者虽有交集,但存在明显的区别。

因此,民间文艺作品更适宜由版权(私法)保护,而非物质文化遗产则由国家颁布的《非物质文化遗产法》(公法)实施保护。

二、民间文艺版权保护存在的主要问题研究

民间文艺固有的特殊性决定了立法工作的复杂性。主要体现在保护主体和客体的不确定性,保护对象归类、范围、时间难以界定,财产权得不到保证,诉讼难度高,维权能力弱以及作品源的保护和流的发展平衡问题等几个方面。

(一)民间文艺作品著作权的权利主体不明确

民间文艺作品的一个重要特征是其创作主体的群体性。民间文艺作品存在于特定的群体当中,比如属于特定民族的民歌,其主体便是这一民族的所有成员;属于特定地域的地方戏曲,其主体就是这一地域的所有民众。民间文艺作品的传承多是代代相传、口口相传的,比如民间手工艺多是通过家族实现传承,民间故事多是通过口头讲述来实现传承的。《中华人民共和国著作权法》第九条规定著作权人包括作者和享有著作权的公民、法人或者其他组织。对于民间文艺作品来说,民间手工艺如剪纸、蜡染等作品可以确定作者，但民歌、戏曲等就难以确定作者。当这些难以确定的作者的权利受到侵犯时，由谁和凭什么来主张并维护他们的权利就成了一个有争议的问题。《乌苏里船歌》是在赫哲族民间曲调《想情郎》和《狩猎的哥哥回来了》等基础上改编而成的作品。但1999年11月南宁国际民歌艺术节上，主持人强调《乌苏里船歌》是郭颂创作的。该台晚会录成VCD在全国发行时，仍然注明郭颂是《乌苏里船歌》的作曲者。黑龙江省饶河县四排赫哲族乡政府认为郭颂及相关单位侵犯了其著作权，伤害了每一位赫哲族人的自尊心与民族感情，遂向北京二中院提出诉讼，要求被告郭颂及中央电视台等停止侵权、公开道歉、赔偿损失。在此案中，四排赫哲族乡政府是否具有原告资格是一个重要的争议点。对此，法院判决书中指出："四排赫哲族民族乡政府既是赫哲族部分群体的政府代表，也是赫哲族部分群体公共利益的代表，在赫哲族民间文艺作品的著作权可能受到侵害时，鉴于权利主体状态的特殊性，为维护本区域内赫哲族公众的权益，在体现我国宪法和特别法律关于民族区域自治法律制度的原则，不违反法律禁止性规定的前提下，原告作为民族乡政府，可以以自己的名义提起诉讼。"这份判决书表明，民间文艺作品的权利主体可以是个人的，也可以是集体的。确定好创作主体是为司法实践中由谁担任原告提供依据。确认存在的难点是民间文艺作品产生于地区成员的集体创作，当难以确定具体的创作人时应如何认定创作主体。目前，学界对于民间文学艺术作品的创作主体如何认定主要有以下几种观点：其一，个人作者观；其二，集体作者观；其三，二元作者观。其中，个人作者观与集体作者观的内容分别否定了群体劳动和个体劳动在作品产生过程中的作用，因而是片面的。而二元作者观，则是对集体和个人并存的肯定，既没有一味地强调个人，也没有否认群体智慧的存在。该观点不仅反映出对群体性特征的肯定，而且也给予在民间文学艺术作品的传承和发展中起中心作用的个人以承认。

我国著作权制度下所规定的著作权的主体是指依法享有著作权的人，根据创作作品的事实依法可以获得著作权的原则，著作权首先属于作者。从法律上来看，既包括自然人，也包括法人和其他组织。这就意味着《著作权法》中的作品通常需要有确定的作者，产生争议时可以避免因作者无法确定而导致无法裁判的情况发生。然而，民间文艺作品的形成和发展是一个接续性的持续创造，在时代的变化和技艺的革新中不断被不同的人完善和更新，其创作主体不固定，也就无法明确到个人或几个人。正是因其自身特征的特殊性，民间文艺作品在著作权制度之下权利主体即创作主体的确定才变得复杂化，给立法带来一些争议。民间文艺作品的创作产生、流传、传承以及目前的状况，都决定了作品的创作主体不是简单的个体化，而且流传年代久远的作品，又由于代代相传中添加了新的元素，使得民间文艺作品的创作主体带有非常特殊的不确定性。因此，在司法实践中常常出现这样一种情形：民间文艺作品往往会因难以确定创作主体而陷入僵局，或成为对方抗辩的理由，使得自身法律权益无法得到确切保障。

（二）民间文艺作品著作权的权利客体不明确

民间文艺作品著作权的权利客体就是民间文艺作品，我们将其分为有载体的民间文艺作品和无特定载体的民间文艺作品。从我们调查搜集到的案例的审判结果来看，有载体的民间文艺作品（如剪纸、蜡染）遭受侵权时更容易得到保护，而没有特定载体的民间文艺作品（如民歌、戏曲）遭到侵权时，维权的成功率不高。举例来说，郭宪诉国家邮政局和白秀娥诉国家邮政局两案，被侵权的是两人的剪纸作品，是有载体的民间文艺作品，最后两人都维权成功，得到经济上的赔偿和署名上的承认。而《乌苏里船歌》案和"安顺地戏"案中的民歌和戏曲是没有特定载体的民间文艺作品。四排赫哲族乡政府强调他们要保护的是民歌的曲调，最终维权成功。而安顺市文化与体育局则坚持保护"安顺地戏"这一戏曲种类，但法院认为戏曲种类不是作品，难以得到《著作权法》的保护，安顺市文化与体育局败诉。

（三）保护对象归类和范围、期限界定问题

由于传统著作权制度保护之下的作品的形式都具有相对稳定和固定的形式，可以较为容易和操作性较强地进行保护。作品自作者个人创造完成即产生了著作权，相应的作品的形式即被固定下来，如小说创作后小说文本就是作品形式，歌曲创作后歌谱就是作品形式，创作的文艺作品都基本固定在了一定形式的载体之上，具有稳定性和直接性。然而，民间文艺作品的表现形式带有特殊的多样性、复杂性、广泛性和多变性，使立法对作品范围的归类和范畴以及期限的界定有一定的难度，对民间作品的搜集、归类和登记等前期工作也是一个难点。

（四）作品源的保护和流的发展平衡问题

著作权制度的目的就是既要保护创作者的利益以激发创作热情，也同时兼顾创作作品在社会被使用、流转以促进文化资源传播与再创作。对于民间文艺作品的保护，如果人们仅仅注重各种智力创作之流的保护，而忽视对它们源的关注，则对知识产权保护而言，是一种缺陷。如今，在商业化领域，民间文学艺术作品被大量无偿利用，谋取经济利益，这无疑十分不利于鼓励对民间文艺作品的挽救，更不利于推动立法。

与此同时，我们也必须清醒地认识到这样一个事实：源的保护固然是重要的，也是首要的，但是文化的重要不仅在于保护，更重要的意义是在于它的传承与发展。民族的发展依靠的就是不断创新的动力，这便需要依靠一代一代去传承文化，不断给文化的领域里注入新的活力，这就涉及对于民间文化的利用的方式问题，如果过多地设置条框来保护民间文化，必然使创新文化和流传文化的人失去动力，引发过多的不便和麻烦，因而在《民间文学艺术作品著作权保护条例》的立法上，平衡源的保护和流的发展问题是关键，也是难点。

（五）署名权较易得到承认，但财产权利常得不到保护

民间文艺作品权利主体的群体性，意味着民间文艺作品从产生开始就存在于民众中间，并且依靠民众得以传承。正如有学者分析的："民间的文化世界不是私人

和个人世界,不是独白世界和私密空间,它的现实基础结构在于它是被我们分享或共享的,是人与人相互交流的文化存在,是集体的世界,社会的世界。"基于这一特征,涉及民间文艺作品侵权案件的判定,往往注重署名权的承认,而忽视财产权利。似乎过分强调财产权利会对民间文艺作品的正常传播产生负面影响。也正因为如此,民间文艺作品权利主体的经济权益常得不到应有的保护。

  1990年10月,由吕金泉设计、委托景德镇市光明瓷厂生产的陶艺作品——金秋叶图案装饰青花五头茶具荣获首届"瓷都景德镇杯"国际陶瓷精品大奖赛二等奖,在全国艺术展评会上被中国陶瓷工业协会评为二等奖。之后景德镇市光明瓷厂既未征得作者许可,又未向作者支付任何报酬,便大量仿制该获奖作品并广为销售,获利颇丰。吕金泉得知此事后,于1996年将景德镇市光明瓷厂告上法庭,并根据光明瓷厂的获利情况索赔30万元。一审法院支持了这一索赔请求。被告申诉后,二审法院强调必须承认金秋叶茶具的设计者是吕金泉,但赔偿金额大大减少:景德镇光明瓷厂支付吕金泉设计费2万元。与此相似的还有何叔水与玉泉岛酒店关于《国色香远》花瓶的纠纷。2006年11月,玉泉岛酒店向何叔水购买了名为《国色香远》和《醉沐春风》两支花瓶，后以其中一支破损为由退还。2007年，何叔水发现玉泉岛酒店小卖部在出售复制的《国色香远》花瓶，于是将其告上法庭，索赔30万元。景德镇中级人民法院根据玉泉岛酒店的获利情况，判决其赔偿何叔水29万元。玉泉岛酒店不服判决，上诉至江西省高级人民法院，二审法院以口头协议不具有法律效力，且玉泉岛酒店复制的花瓶还没有卖出等为由，撤销了一审判决，即玉泉岛酒店不向何叔水支付赔偿金。何叔水不服此判决，向最高人民法院申请再审，最高人民法院最终判定玉泉岛酒店侵权，但经济赔偿额度减少为7万元。在上述案件中，两位原告的索赔请求实际上都是根据被告的获利状况提出的，但是经历几次审理，最终都没有得到完全的支持，有关方面对于民间手工艺的传播和利用的考虑是其重要原因。

（六）诉讼战线长，大量耗费维权者的时间和精力

在调查搜集到的案例中我们发现，容易获利和方便复制的民间文艺作品的著作权极易和频繁地受到侵犯，导致民间文艺家不得不花费大量的时间和精力在诉讼上。即便如此，还是无法杜绝侵权行为的再次发生。"洪滨丝绵画系列侵权案"就是容易获利的民间艺术作品著

作权受到侵犯的典型案例。洪滨丝绵画是马鞍山市的一种独特的手工艺品，1986年袁洪滨创立了研制手工丝绵画的洪滨丝画手工艺术公司，并于1989年申请了名称为"棉花画制作方法"的发明专利，还获得了国家知识产权局颁发的发明专利证书。该专利到期后，2010年又被国家专利局授予了"丝绵画的制作方法"发明专利证书。虽然袁洪滨申请了专利，但侵权事件依然层出不穷。1995年袁洪滨与赖鸿山相识，此后赖鸿山频频到洪滨丝画公司参观，并结识掌握专利技术秘密的洪滨公司原副总经理郭海新，后来郭跳槽到赖的公司。1997年，袁洪滨在苏州发现洪滨丝画的仿制品，经查这些仿制品正是赖的公司生产的，于是将赖、郭二人告上法庭。此案先后上诉于合肥市中级人民法院、安徽省高级人民法院、北京市高级人民法院，最终于2002年胜诉。2005年袁洪滨起诉上海樟贵工贸有限责任公司未经许可销售"永福人丝绒画"产品，侵犯了"棉花画的制作方法"发明专利权，最终胜诉。袁洪滨维权路上的另一案例是起诉横江丝画公司侵权。马鞍山横江丝画公司法定代表人孙传林曾于1989年至2005年期间，三送三出在洪滨丝画公司工作，2007年成立了自己的公司，擅自利用从"洪滨丝画"学来的技术制作、销售丝画产品，对"洪滨丝画"的生产、销售和管理产生了不良的影响。洪滨丝画公司于2013年10月将横江丝画公司告上了法庭。一审判决侵权成立，袁洪滨胜诉；但被告向安徽省高院提出上诉，并就袁洪滨的专利"丝绵画的制作方法"向国家知识产权局提出"无效宣告请求"。洪滨丝画工艺独特、成本不高、销售渠道广，适合规模生产销售，利润可观。这些特点使得许多商家觊觎其巨大的经济价值，从而引发了上述一系列的侵权官司。可以看到，自从洪滨丝画手工艺术公司成立以来，侵权诉讼就一直如影随形，显然需要耗费大量的人力物力财力应对。随着信息技术的发展，民间美术作品越来越方便复制。如果作者不维护自己的权益，侵权者就可以不支付报酬，随意使用他人创作的作品，从而以很低的成本获得更大的利润。因此，民间美术作品的著作权是侵权者经常光顾的目标。赵梦林"京剧脸谱"的维权之路就是在这样的背景下开始的。赵梦林于1992年编著出版了《京剧脸谱》一书，该书2003年1月再版改名为《中国京剧脸谱》。他享有该书中568幅京剧脸谱、21幅京剧人物画的著作权。2008年，赵梦林发现中国网络通信集团公司未经许可，在其发行的《北京2008年奥运会人文奥运电话卡珍藏集》的封面及内附电话卡中使用了

《中国京剧脸谱》画册中的6幅作品，遂将其告上法庭。2009年双方达成调解协议，该公司付给赵梦林5万元使用费。2010年7月，赵梦林诉北京搜狐互联网信息服务有限公司侵权案胜诉，案由是搜狐公司未经许可，在"搜狐焦点"发布的《京城众"角"上演"变脸"——那些不是住宅的"住宅"们》一文中擅自使用《中国京剧脸谱》画册中的54幅京剧脸谱作品，没有注明作者姓名，也未支付报酬。2010年9月，福建省富贵红文化发展有限公司未经许可，在其生产的富贵红功夫茶具和红瓷瓶产品上使用了《中国京剧脸谱》画册中的8幅作品，赵梦林将其告上法庭并胜诉。2010年9月，赵梦林还将北京蕾迪斯饰品有限公司告上法庭，原因是其销售的"中国红四件套""中国红笔"瓷器产品上使用了7幅上述画册中的作品。法院判令该公司停止销售侵权产品，但并未支持赵梦林的索赔请求。2010年12月，赵梦林起诉济宁七星地毯有限公司，理由是该公司生产的挂毯使用了赵梦林画册中的作品但未署名，也未支付报酬。本案以赵梦林胜诉告终。赵梦林打的维权官司远不止上述这些，尽管赵梦林一直在努力维护自己的权益，并且法院也多次判决侵权者败诉、给予侵权者经济上的处罚，但是对京剧脸谱的侵权行为还是屡屡发生。

权利人或者放弃维权，或者在这条看不见尽头的维权路上坚持下去，无论是哪一种选择，究其原因，除了艺术脸谱作品的特殊性以外，更重要的还是没有保护民间文艺作品的专门条例，导致维权无法可依，艰难异常。

（七）民间文艺工作者个人维权意识薄弱，能力有限

从上述案例当中可以看到，追究侵权行为的权利人主要分为四类：第一类是集体，比如黑龙江省饶河县四排赫哲族乡政府和安顺市文化与体育局；第二类是企业，比如洪滨公司；第三类是涉及较大利益的个人，比如景德镇诸侵权案中的原告；第四类是受到多次侵权的个人，比如赵梦林。集体、企业以及涉及较大利益的个人由于拥有经济实力，故能够负担维权成本以保全自己的经济利益；屡次受到侵权的个人坚持在维权战线上战斗，就不仅是为了争取经济利益，更主要是为了维护个人权益的尊严。一个现实的问题是，个人的维权成本并不低，包括需要付出的时间和诉讼所产生的相关费用。这导致许多民间文艺家在面对侵权行为时缺乏诉诸法律的勇气和经济能力。另外，民间文艺家普遍日常忙于创作和生计，同时因教育水平的限制，维权意识较为淡薄，给侵权者造成了可乘之机。据报道，南京著名剪纸

艺术家、国家非物质文化遗产代表性传承人张方林设计的"十二生肖"造型剪纸，作为2014年央视马年春晚最后一首歌《难忘今宵》的舞台背景，第一次集体在广大电视观众面前亮相。2013年央视春晚中也曾使用过这套剪纸中的小花蛇。由于这套剪纸形象可爱、喜庆，迅速遭遇了盗版，一些银行的信封上、大门上，还有南京的一些商业街区、快餐店等张贴的海报、橱窗贴画，都是这个剪纸小花蛇。但是这些使用方没有一个人告知张方林，甚至都不知道是张方林设计的。虽然张方林本人对此很宽容，认为这对于剪纸文化的传播有积极的作用，但是从中也可以看出个人在侵权行为汹涌而来的情形下的弱小和无奈。

三、《民间文学艺术作品著作权保护条例（征求意见稿）》解析

为了加强社会治理，保护民间文学艺术作品的著作权，保障民间文学艺术作品的有序使用，鼓励民间文学艺术传承和发展，国家版权局于2014年9月发布《民间文学艺术作品著作权保护条例（征求意见稿）》向社会征求意见。然而，由于《民间文学艺术作品著作权保护条例》（以下简称《条例》）中部分内容尚不清晰，相关制度设计还不明确，且尚未有与之配套的实施细

则,所以时至今日,《条例》仍未颁布。

(一)《条例》重点条款解读

以《条例》第五条为例。虽然它规定了民间文学艺术作品的著作权归属于特定的民族、族群或者社群,但对民族、族群或者社群界定不清;对著作权主体规定的模糊性导致著作权主体的权利难以实现,作品使用者的义务难以履行,著作权行政管理部门的职责也无法落实。

1.《条例》第五条存在的著作权主体模糊问题

《条例》的第五条规定了民间文学艺术作品的著作权属于特定的民族、族群或者社群。"民族"是历史上形成的有共同语言、共同地域、共同经济生活以及表现于共同民族文化特点上的共同心理素质的稳定的人们的共同体;"族群"是指在较大的社会文化体系中,由于客观上具有共同的渊源和文化,因此主观上自我认同并被其他群体所区分的一群人,其中共同的渊源指世系、血统、体质的相似,共同的文化指相似的语言、宗教、习俗等;"社会群体(简称社群)"是指人们按一定社会关系结合起来,进行共同活动,具有心理上的交互作用和一定文化表现的集体。从上述的解释中不难总结出民族、族群和社群的共同点在于:①都是由多人组成的群体，有文化背景的相同点；②群体的形成经过了漫长的历史周期；③关系的结合大多源于心理认同；④具体的人数和明确的地域边界无法确定；⑤不能明确且法律尚未拟制其性质为自然人、法人还是社会组织。

既然民族、族群和社群的结合是文化、历史、心理等因素共同作用，每个特定群体很难靠具体且客观的标准来区分，这就导致民间文学艺术作品的著作权归属呈现的是不确定的状态。而著作权利是由著作权主体享有的利益。《中华人民共和国著作权法》（以下简称《著作权法》）赋予著作权主体一定的行为自由，目的是通过法律的设置使著作权主体合法权益得到满足；如果没有相应利益存在，《著作权法》就没有将其类型化后作为权利规定在法律中的必要。显然，当一个权利的主体并不确定时，该权利也就没有被实现的动力及可能，其创设自然就失去了意义和价值。

2. 著作权主体模糊带来的消极影响

（1）著作权主体身份不明，相关权利难以行使

《条例》著作权主体规定模糊导致民间文学艺术作品著作权主体身份难以确定或证明。一方面，由于民族、族群和社群不能明确具体人数和地域范围，《条例》对著作权主体的界定不明导致无法确定著作权人；

另一方面，民族、族群和社群的联结因素有很多，且内容较主观，然而《条例》对著作权主体身份的证明方式未作出规定，也没有形成统一的标准和途径，这显然将提高期待获得民间文学艺术作品著作权的人证明自己权利主体身份的难度。同时，民族、族群和社群的主体性质不明确，也就是说《条例》并没有规定法人和社会组织对民间文学艺术作品是否享有著作权，使得著作权主体在范围上产生了混乱。由于权利主体难以确定，权利主体自然无法正常行使著作权以及基于著作权产生的救济请求权。《条例》规定了著作权包括：①表明身份；②禁止对民间文学艺术作品进行歪曲或者篡改；③以复制、发行、表演、改编或者向公众传播等方式使用民间文学艺术作品。但是不确定的是：以复制、发行、表演、改编或者向公众传播等方式使用民间文学艺术作品的这项权利，应当是由民族、族群或者社群中的任何个人行使，还是由民族、族群或者社群中的特定个人行使，还是应当由全体民族、族群或者社群中的多人行使，又或是应当由全体民族、族群或者社群共同行使。且当民间文学艺术作品遭到歪曲或者篡改时，无法确定谁可以提起诉讼禁止这一行为并取得赔偿，赔偿的款项应当归属于谁所有。

（2）其他人难以通过合法方式取得民间文学艺术作品的使用权

《条例》著作权主体规定模糊还会为他人通过合法方式使用作品造成困境。使用者无法确定使用民间文学艺术作品前，应当取得著作权人的许可并支付合理报酬还是向国务院著作权行政管理部门指定的专门机构取得许可并支付合理报酬；如有人需要使用民间文学艺术作品，他选择取得著作权人的许可并支付合理报酬，谁有权作出许可？谁有权获得报酬？国家行政机关需要通过申请才可使用吗？法律给使用者设置使用作品的程序上的义务，却没有明确著作权主体，导致使用者履行义务不能，最终就算使用者的行为违法，对其惩罚也将不具备合理性。

（3）行政管理部门管理职责的取得于法无据

《条例》第五条并没有将国务院著作权行政管理部门列为民间文学艺术作品的权利主体，其对民间文学艺术作品的管理职责无从取得。从法理上说，国务院著作权行政管理部门不是著作权法律关系的主体，因此它不应享有使用、收益、支配等权能，在全体权利受到侵犯时也不享有诉权。同时，民间文学艺术作品附着的著作权，作为一项私权利，国务院著作权行政管理主管部门管理该权利的法理依据也是不足的。因此《条例》对于通过什么手段去规制民间文学艺术作品的使用应当予以明确。

3. 作品类型没有兜底性条款

《条例》第二条列举了民间文学艺术作品的四个类型，包括言语或文字形式表达的作品，音乐形式表达的作品，动作、姿势、表情等形式表达的作品和平面或立体形式表达的作品，但并未规定兜底性条款，这就使得无法涵盖以后可能出现的新的表达形式，而对于尚未形成作品的民间素材可否成为保护范围也在《条例》制定过程中引发了较大争议。该争议引发的进一步思考问题是：实践中对民间文学艺术内容不完全符合作品特征的表达形式作为民间素材被他人利用的现象较为普遍，如不加以保护则有可能最终导致改编作品被歪曲或篡改。

（二）制订《条例》的建议

1. 明确《条例》的立法宗旨——兼顾保存、保护和发展

《著作权法》总则指明立法的宗旨是："保护文学、艺术和科学作品作者的著作权，以及与著作权有关的权益，鼓励有益于社会主义精神文明、物质文明建设的作

品的创作和传播，促进社会主义文化和科学事业的发展与繁荣"。概括来讲，《著作权法》的立法宗旨分为两方面：一是保护，二是通过保护促进作品的合法传播、鼓励创作和促进文化的发展。这同样也是我国在制定《条例》时需要遵循的基本准则。

除了保护和发展之外，民间文艺作品还涉及保存问题。与其他文学、艺术和科学作品相比，民间文艺作品具有其特殊性，即民间性与集体性。民间性是指民间文艺作品产生于民间社会，与人类社会的发展进程同步，是人类文明的重要组成部分。正如有学者论述的："民间文学艺术是人类文明的重要组成部分，是民族文化特性的反映以及维系民族存在的动力和源泉，也是保持文化多样性必不可少的部分。"集体性是指民间文艺作品是由群体而非个人拥有的，因此在市场经济和全球化背景下，民间文艺作品由于"无主"而最容易被非法使用，在这个过程中还有人故意歪曲民间文艺作品原貌来吸引民众眼球、攫取经济利益，导致真正的民间文艺作品消失或异化。因此《条例》首先应当考虑的是民间文艺作品的保存问题。保存、保护与发展是民间文艺权益保护的三大宗旨。

2.明确民间文艺作品版权保护的权利归属及其行使主体

目前中国民间文艺作品著作权保护中最突出的问题就是在某些情况下权利的主体和客体不清晰，导致民间文艺领域出现侵权行为频发、权利保护不到位。所以《条例》首先要明确规定民间文艺作品的权利主体和客体。民间文艺作品的创作主体具有群体性与民族性的特点，并且民间文艺作品的创作过程持续时间很长，常常是经过几代甚至几十代人的发展才逐步完善，民间文艺作品在这一发展完善的过程中成为该区域或该民族的文化表现，个性特征逐渐消失。因此，有学者指出："民间文学艺术专有权应归属于创作民间文学艺术的特定群体，从而使民间文学艺术的权利主体也具有群体性的特点，这个群体可以是一个民族，也可以是本民族的某个村落，还可以是某几个人。"但问题在于，侵权行为发生时，不可能由群体的所有成员同时提起诉讼，所以应该由地方政府或民族自治组织作为权利主体的代表对侵权行为提起诉讼，从而有效地维护民间文艺的作品权利人的合法权益。但另一方面，我们也看到，许多民间文艺家在集体创作的文艺作品基础上进行了创新，形成了有个人特色的作品，比如赵梦林的京剧脸谱、袁洪滨的丝绵画等等，这样的作品也属于保护的范畴。另外，民间文艺中家族传承的形式也广泛存在，比如"泥人张"彩塑艺术就有着约一百八十年的传承历史，经历了五代传人，这样的民间文艺形式，其权利主体应该是其家族传承人。严格来讲，家族传承也是群体传承的一种。因此，《条例》在确定权利主体时，应该将上述几类人都包含进去，即群体（包括家族）和个人，并且认定地方政府或民族自治组织可以作为诉讼主体，维护本地区或本民族的民间文艺权利人的合法权益。而且，《条例》第四条和第八条分别规定的"主管部门和授权机制"也可以看作是对上述版权主体归属如何确立的回应。

民间文艺作品的权利客体则应该包括两方面，即无载体的民间文艺作品和有载体的民间文艺作品。在此前的司法实践中可以看到，涉及后者的诉讼常可以依据《著作权法》得以解决。而涉及无载体的民间文艺作品，如"安顺地戏"和《乌苏里船歌》两案由于无法可依，导致两案结果完全不同。由于《著作权法》中除第六条外，没有具体关于民间文艺作品的条款，因此即使是有载体的民间文艺作品，在寻找相关维权法律依据时依旧困难重重。基于此，在《条例》中，我们认为应该将无载体的和有载体的民间文艺作品都归到权利客体中来，使民间文艺作品的各类案件能够真正有法可依，不再游走于法律的边缘。

3. 规定民间文艺作品的保护期限

民间文艺作品的保护期问题也是一个存在争议的问题。《著作权法》第二十一条规定公民作品权利的保护期为"作者终生及其死亡后五十年，截止于作者死亡后第五十年的12月31日；如果是合作作品，截止于最后死亡的作者死亡后第五十年的12月31日。"针对有载体的民间文艺作品，这种规定是可以适用的。但是无载体的民间文艺作品，则具有群体性以及在流传中不断完善的特点，无法确定具体作者，这种保护期的规定显然不具有操作性。如果强制规定一个保护期限反而不利于对原创作品的保护，更不利于其发展繁荣。因此，可以考虑对民间文艺作品的权利保护设定为没有期限，从而与传统的《著作权法》保护期限加以区分。《条例》第七条规定的"民间文学艺术作品的著作权的保护期不受时间限制"是对上述考虑的体现。

4. 确定民间文艺作品著作权内容

《著作权法》第十条列出了十七种人身权和财产权，如署名权、修改权、复制权、出租权、翻译权等，这些权利都是著作权人享有的。《条例》也应该对民间文艺作品著作权的权利内容有所规定。在调研的案例中，我们认为当下民间文艺作品著作权保护中的一个重要问题是"署名权较易得到承认，但财产权利常得不到保护"，即人身权和财产权在民间文艺保护中出现了割裂的现象。有学者认为，民间文艺作品在传播过程中，由于得到加工而逐步丰满和成熟起来，如果过分强调财产权，很可能导致民间文艺作品的传播途径受阻，失去民间沃土的滋养，反过来影响民间文艺的传播和发展。因此，《条例》要强调身份权而淡化财产权。基于此，对民间文艺作品的财产权，有学者提出了三个原则。一是民间文艺作品经济权利的确认与权利行使中的"惠益分享"原则。惠益分享理论是指应由利益创造者和相关的贡献者共享利益。套用到民间文艺作品上，就意味着民间文艺作品的权利主体有权与使用民间文艺作品进行创作，从而获取经济权利的人分享利益。二是财产权适用的前提是"以营利为目的"。原因是民间文艺作品是现代文化创新的源泉，如果使用人不是利用民间文艺作品来营利，就不需要征得民间文艺作品权利人的许可，也不用支付费用。即使是以营利为目的的使用，支付费用应该是在营利之后而非使用之时。三是"利益平衡"原则。即平衡民间文艺作品的创造者、传播者和使用者三者之间的利益。

民间文艺作品权利人享有的人身权则是学者们所着重强调的，主要包括两个方面。一是标明民间文艺作品来源的权利。不论是使用无载体的还是有载体的民间文艺作品，都需要标明来源，表明对民间文艺作品的权利群体的精神权利的尊重。我们在调研中看到，许多诉讼案件中公开道歉的要求都得到支持，正是出于尊重权利人的精神权利的考虑。二是禁止不正当使用和歪曲、篡改民间文艺作品的权利。比如电影《千里走单骑》将"安顺地戏"叫作云南面具戏，并没有给予澄清或说明，就是对民间文艺作品的不正当使用。如在吕金泉金秋叶茶具侵权案中，吕金泉的原设计是五头茶具，光明瓷厂附上四只茶碟，将其称为"九头青花玲珑金秋茶具"进行批量生产，则是典型的对民间文艺作品的歪曲和篡改。

民间文艺作品创作主体的集体性决定了人身权对它的重要性。民间文艺作品是特定区域或特定民族文化的有机构成部分，对该集体有着重要的象征意义。如果仅仅因为民间文艺作品存在于公共领域就允许使用者加以歪曲和篡改，对于民间文艺作品的创作群体和权利人来说是文化上的亵渎和精神上的打击。以调研中搜集

到的案例为例，广西壮族的民歌曲调、黑龙江赫哲族的民歌曲调，都是该民族在长期的生产生活中积累和创造出来的民间文艺形式，体现了他们民族的性格特征、价值观念等，是他们民族文化中不可缺少的一部分，因此在《条例》中，强调权利人的人身权是十分必要的。但是，是否要淡化财产权则值得商榷。虽然法律条文没有明确规定要淡化财产权，但是从调研所搜集到的案例的审判情况来看，赔偿数额最终都会大大低于原告的索赔金额。值得重视的是，对于经济权利的淡化，客观上导致了一个很严重的后果，即降低了侵权成本。所谓的使用者必定知晓法律淡化财产权的导向，因此他们在使用民间文艺作品的过程中，主动考虑到民间文艺作品权利人的经济利益的可能性非常小：如果不支付报酬而未被追究，那么使用者节省了成本，增加了利润；就算被民间文艺作品的权利人发现而提起诉讼，那么使用者需要支付的报酬也不多。如果支付报酬是在营利之后而非使用之时，那么其中的漏洞和可操作空间就非常大，使用者很可能会采用各种方法谎称自己没有营利。事实上，为了盈利而进行的商业行为，不论盈亏都需要付出成本，对民间文艺的权利人支付的报酬只是其成本的一部分，不能因为民间文艺作品的特殊性就将其随意取消。总之，我们认为《条例》既要强调民间文艺作品权利人的人身权，也要对其经济权利作相应的规定。

总而言之，民间文艺作品的版权保护初衷应是尽量减少甚至是杜绝滥用原创作品及鼓励表达形式的创新，二者之间的平衡既要设定权利内容又要进行适当的权利限制。依照传统版权理论和立法规定，民间文艺作品的版权就包含人身权和财产权，前者要求后续改编必须注明改编作品的来源及保证原作品的完整。在《乌苏里船歌》纠纷中，一审法院作出的"被告（改编者）以任何表现形式使用《乌苏里船歌》都要标注该歌曲是'根据赫哲族民间曲调改编'"判决结果肯定了上述人身权的存在。从法理和道德上看，保护作品完整权的初衷在于防止民间文艺作品被无故篡改、曲解甚至贬损，免于损害原创作品群体的感情，后者则充分考虑民间文艺作品的相关利益主体应该有权获得一定的经济报酬。

四、运用版权保护传承发展民族民间文化艺术

（一）如何运用版权保护传承优秀传统民间文化艺术

如何运用版权保护民间文艺作品，我们认为应从建立民间文艺版权保护组织、细化作品对象归类与登记工作以及针对作品利用涉及的不同目的进行保护等三个

方面开展。

1. 建立民间文艺版权保护组织

在民间文艺家的权益屡屡受到侵犯的情况下,作为民间文艺工作者之家的全国及地方各级民间文艺家协会必须要从协会宗旨出发,积极发挥一级机构的职能和作用,以集体的力量维护会员的正当权益。我们认为各级民间文艺家协会主要可以从两个方面发挥作用。一是推动建立一个民间文艺作品著作权保护组织。这就涉及目前许多法律专家所提倡的民间文艺作品著作权集体管理制度。所谓民间文艺作品著作权集体管理制度,是指民间文艺作品权利人授权著作权集体管理组织,代为管理著作权或者与著作权有关的权利的制度。该组织得到民间文艺作品权利人的授权之后,可以自己的名义对其所代理的权利进行管理,包括以组织的名义对侵权人提起诉讼,监督民间文艺作品被使用的情况,与民间文艺作品的使用人或组织进行谈判,发放授权许可、收取使用费,并按照要求将使用费分配给各个有关权利人。类似的著作权集体管理组织目前在国内已有五家,即中国音乐著作权协会、中国音像著作权集体管理协会、中国文字著作权协会、中国摄影著作权协会和中国电影著作权协会。这些组织的宗旨、机构和管理方式对民间文艺作品著作权集体管理组织的成立，有重要的参考价值。有学者对这一组织是否需要由民间文艺家协会来发起成立，有过论证，认为民间文艺家协会开展这项工作有四个方面的优势。第一，民间文艺家协会一直从事抢救、挖掘、整理、传承、普及民间文化的工作，同时也是全国各地区、各民族民间文艺工作者的知情人。第二，民间文艺家协会从新中国成立以来就着手搜集民间文艺作品，并作了数字化的处理，这是保护民间文艺作品著作权可以参考的第一手资料。第三，民间文艺家协会有一大批民间文艺界专家，知识储备丰富。第四，民间文艺家协会了解传承人和民间文艺发展的实际情况，有较好的把控能力。在课题调研中，景德镇的陶瓷工艺受到侵权最多、涉及金额最大，并且由于侵权的多是企业单位，而被侵权的往往是工艺家个人，力量的不平衡，导致民间工艺家的维权行动困难重重。在我们与景德镇的工艺大师、法律专家以及市文联、政府版权机构的工作人员的座谈会上，与会人员主要就民间工艺作品的版权登记问题和维权机构的成立问题进行了探讨。首先是版权登记的问题。景德镇的民间文艺家创作了新作品，需要到市版权局进行登记。相关的法律专家认为，虽然进行版权登记只能作为版权纠纷案件中的初步证据，但

是登记还是必要的，因为这是第一手资料，为保留证据、确保证据的公信力、提高获取证据的效率等提供了捷径，侵权者会因此有所忌惮，所以，版权登记对侵权行为有一定的防范作用。但法律专家同时指出，考虑到陶瓷作品的特殊性，一些已经进入公有领域的作品图案，如常在瓷器上见到的传统"福""禄""寿"之类的图案，则不能予以登记，因为这类已经形成固有形态的传统图案，很难界定所有人，与明确创作者的作品一样登记，会引起版权登记领域的混乱，这就要求负责版权登记的工作人员具备民间文艺方面的专业知识。其次是维权机构的成立问题。与会专家都认为有必要由民协协助、组织推动，成立一个由相关国家机构授权的、独立运作的民间文艺作品著作权保护机构。这个机构是非营利的公益组织，成员以兼职、志愿者为主和专家聘任制；经费可以从民协会员缴纳的会费当中划拨一定比例作办公开支，政府给予一定的资助，也可以在为民间文艺家做版权登记服务时收取一定的费用。在调研中我们了解到，景德镇市民间文艺家协会本着为会员服务的宗旨，急会员之所急，已经做了大量的面对会员的维权工作，以其切身体会，希望能早日成立一个合法民间文艺作品著作权维权机构，使他们的维权工作能更高效地开展起来。民间文艺维权机构成立后，民协会员都可以加入，该机构代管其相关权利，以集体的名义处理各种侵权纠纷。如此，对于更加有效地保护民间文艺作品的著作权，无疑将起到重要作用。中国民间文艺家协会不妨以景德镇为示范，作进一步深入探讨。如果景德镇的尝试获得成功，可以在全国加以推广，或上升为更集中行为，将更多有维权诉求的民间文艺家都吸纳到这样的组织当中来，该组织也能更好地为民间文艺家提供维权服务。我们在调研中还了解到，目前景德镇市民间文艺家协会面临的困难是，缺乏专业的陶瓷鉴定评估队伍，导致侵权行为发生和案件审理当中，无法及时准确地做出鉴定。因此有关工作人员在座谈会上提出，希望能建立一个"文艺志愿服务团"，团结一批有鉴定资质和义务地为艺术家服务精神的陶瓷艺术专家，为成立"景德镇艺术陶瓷鉴定评估中心"做准备。

此外，全国及地方各级民间文艺家协会的权益保护部门的职能不仅是侵权行为发生时去"救火"，还应该关注如何防范侵权行为的发生。这就要求各民间文艺家协会在日常工作中和平时举办的相关活动中，将维权理念渗透进去，提高民间文艺家的法律意识和维权意识。各地方民间文艺家协会还可以与地方版权行政管理机

关和司法机关合作，为民间文艺家提供法律知识培训与咨询服务，比如提醒民间文艺家注意作品的专利申报与版权登记，遭到侵权后注意及时和正确地采集证据等等。

2. 开展作品对象归类与登记工作

著作权保护的民间文艺作品对象范围多样化而复杂化，需要各地区做好严谨的申报工作，国务院主管部门进行审核，从而归类，使民间文艺作品的表现形式直观化、固定化、易操作化，为实践中作品的使用、流转或侵权问题都带来了便利和保护依据。

对于我国民间文学艺术作品的保护范围，民间文艺作品保护借鉴国际立法1982年《示范法条》中的相关规定，结合我国各地区现有的条例和实际国情，在制定相关民间文学艺术作品版权保护的立法中，民间文艺作品的版权保护的范围应当包括：文学表达作品、音乐表达作品、艺术活动表达作品和美术工艺作品。

（1）文学表达作品，也有学者称之为语言表达形式、口头表达形式等。文学在现代专指用语言塑造形象以反映社会生活，表达作者思想感情的艺术，通常分为诗歌、散文、小说、戏剧文学四种体裁，在各种体裁中又有多种多样的形式，包括诗歌、歌谣、史诗、叙事诗、谜语、谚语、歇后语、格言、神话、传说、故事、笑话等等。在国务院批准文化部确定的第一批国家级非物质文化遗产名录中，民间文学作品共计31项，如苗族古歌、布洛陀、刻道、白蛇传传说、梁祝传说、孟姜女传说、董永传说、西施传说、济公传说、古渔雁民间故事、刘三姐歌谣、阿诗玛、青林寺谜语等民间文学作品。可以看到，很多都是我们所熟悉的民间故事和传说，文学表达形式包括了传说、歌曲以及谜语等特殊的表达形式，如果没有这次立法的需要，也许许多久远的传说和边远地区富有民族特色的优秀作品也就难以流传和传承，若被恶意商业化利用和恶意歪曲，不仅伤害了创造群体的权利利益，更会失去优秀的富含民族情感的精神财富。

（2）音乐表达作品。音乐是通过有组织的乐音所形成的艺术形象表达人们的思想感情，反映社会生活。音乐是表演艺术，必须通过演唱、演奏，才能为听众欣赏。民间音乐分为民歌和民族器乐。音乐表达形式中包括了乐曲和表演者的演唱，属于时间艺术文化，音乐表达作品凭借乐曲或歌词来表达思想感情。在非物质文化遗产保护名录中，所登记和公布的作品有河曲民歌、蒙古族长调民歌、巢湖民歌、兴山民歌、梅州客家民歌、中山咸水歌、巴山背二歌、藏族拉伊、聊斋俚曲、

川江号子、侗族琵琶歌、古琴艺术、唢呐艺术、羌笛演奏及制作技艺、江南丝竹、广东音乐、潮州音乐、花儿等共计72项作品。包含了民歌、调子、音乐、乐器和乐器的制作技艺，保护的内容非常广泛和细致，其中花儿作为一大类还详尽了各小类，如莲花山花儿会、二郎山花儿会、宁夏回族山花儿会、松鸣岩花儿会等8类，可以看到作品保护类别的细分和明确，对司法实践的判决依据非常有利。

（3）表演艺术作品。这一类的作品范围较其他3类都要宽泛，包括民间舞蹈、传统戏剧、曲艺，其中民间舞蹈类的名录收有41项，如京西太平鼓、秧歌、龙舞、狮舞、高跷、安塞腰鼓、余杭滚灯、土家族摆手舞、苗族芦笙舞、铜鼓舞、傣族孔雀舞、彝族烟盒舞等，而秧歌中又细分了昌黎地秧歌、鼓子秧歌、胶州秧歌、海阳大秧歌、陕北秧歌、抚顺地秧歌，龙舞中又细分了铜梁龙舞、湛江人龙舞、汕尾滚地金龙、浦江板凳龙、长兴百叶龙、奉化布龙、泸州雨坛彩龙等。对于同一种大的类别的舞蹈形式，由于各个地区的民族表达方式和风格的差异，这样的保护分类充分的具体的作品形式，对于同类表达的作品的界定起到了一定的作用。传统戏剧方面共收录了92项，如中国江苏、浙江、上海、北京和湖南共同申报的昆曲、潮剧、青阳腔、宁海平调、川剧、湘剧、秦腔、豫剧、大平调、北路梆子、汉剧、粤剧、黄梅戏、木偶戏，以及由北京市、天津市、辽宁省、山东省和上海市共同申报的京剧等。其中木偶戏也是细分了泉州、漳州、邵阳等不同地区的木偶戏分类。曲艺方面收录了46项，主要为评话、大鼓、说书等作品类别。此外，杂技作为一项重要的民间艺术作品形式，其归属也受到了许多学者的关注。目前，我国《著作权法》第三条将杂技作品列为著作权保护范围。而在世界上，将杂技艺术进行版权保护的国家非常少。其实，杂技艺术具备民间文学艺术的所有法律特征，应当属于民间文学艺术，在未来的民间文学艺术立法当中，应将其列入保护范围，在非物质遗产保护的名录中就有共计17项的杂技与竞技作品。

（4）美术作品。民间美术的概念是我国文化界学者较多采用的，包括绘画、书法、雕塑、工艺美术、建筑艺术等，名录中也收录了共计51项，主要有年画、剪纸、刺绣、玉雕、石雕等作品。此外，有学者认为民间工艺美术品的制作工艺、流程等不应属于这里所说的美术表达形式，这些更类似于专利或技术，不具备民间文学艺术的文艺性特征，而应由1997年5月20日颁布

的《传统工艺美术保护条例》进行保护。

3. 不同使用目的下民间文艺作品的保护

对于民间文艺作品在著作权保护下的使用问题涉及著作权制度人身权和财产权保护问题，特别是民间文艺作品作为一种体现民间文化和民族思想情感的表达形式，如果人身权和财产权受到了侵权，则侵害的不是简单的个人，而是整个民族或群落。因此，就人身权和财产权的两个方面，相关民间文学艺术作品版权保护的立法可以就不同的使用目的对民间文艺作品进行权益保护。

（1）本民族群体在该地区内使用作品。群体及其成员对自己的民间文学艺术作品在该群体内可以自由继续使用、交流和传播，以及通过创造和模仿等方式继续发展这些作品。因为这些作品本身便是属于这个群体的共有财产，是他们的前人和他们共同创作的结果，并且他们和他们的后人将继续对这些作品进行保持、传播、发展和丰富。

（2）采风收集人使用作品。采风收集人作为民间文艺作品发源地和流传地群体之外的重要传播者，法律上如何规定其对于民间作品的利用模式非常重要。采风收集人是较为直接深入了解和采集民间地区文化艺术的主体，他们对民间文化的传播和流传拥有着非常重要的地位，发挥着十分重要的作用，是作品由集中地发散到外界更广地区范围的重要渠道和途径。采风收集人往往是民间文化的热爱者，他们对民间作品的收集的初衷往往也是为了让更广的地区和人们感受到中国久远和富有特色的民间文化和艺术，在收集和收编之上，他们也无形地凝结了自己的劳动成果。对于民间作品的汇编或者是在此民间元素的基调之上创造的作品，在使用的过程中，必须注明采集原料的出处和原创作品的相关信息，对于使用的权限则可以不需要经过原创作品群体权利人的许可，这是充分考虑了有利于文化传播的方式。

（3）教育文化目的使用作品。教育文化方面的利用模式应该是相对而言限制最为宽泛的领域。文化就是要使更多的人了解、学习和改进。教育文化的利用模式主要为将民间文艺作品收纳入教科书或其他文化知识读本之中，通过阅读人群来传播和发扬民间传统文化。这些层面上的利用则完全可以通过法定许可的方式来利用。再者，便是通过媒体渠道来宣传我国的地区民间文化，这些方面的利用可以通过经权利主体的允许来实现。对于商业化的媒体宣传则应当支付一定的费用。这涉及了作品的使用许可权问题，这可以看作是对民间文学艺术作品进行发展和传播的一种鼓励。文化在一定意义上说，得以流传和传承就是它最大的现实意义，没有后人对民间文学艺术作品进行利用、表演和传播，许多民间文学艺术作品也许就会面临濒临消失的局面。但如果未经许可，任何人都可对其进行利用，就会导致对民间文学艺术作品的滥用。因此，使用许可权的制度必须要制定得易于操作化和现实化，减少因使用而发生的纠纷。

（4）商业化目的使用作品。对于最为广泛利用的商业化利用领域，立法方面则需制定得较为详尽和具有可操作性，因为如今引起大量纠纷和困境的主要就是商业化利用不当和侵害权利的问题。商业化利用上，商家是有商机和有利可获得，免费获取民间作品而单方面增加自身收益，无疑对民间文艺作品是一种无成本的获利，不仅使民间文艺作品的权利主体得不到应有的保护和文化维护的补偿，也有可能对歪曲和毁损民间文化形象的情况得不到规制和保障，必须设立相关机构收取一定的费用，使著作权利群体所应有的劳动智力成果获得报酬。

（5）国外商业利用使用作品。目前，国际上虽对保护民间文学艺术达成共识，但欧洲及西方发达国家认为民间文学艺术属于公有领域，可以自由复制和表演，无需经过许可和交付使用费，而一些具有丰富民间文学艺术资源的发展中国家却主张对民间文学艺术予以版权保护或其他保护。鉴于此，发达国家对民间文学艺术大规模无偿性地利用，从中获利，却不对民间文学艺术的发源地、创作民族进行任何经济补偿，甚至对民间文学艺术进行任意地歪曲、篡改，伤害了创作民间文学艺术民族的感情。因此，对于国外的利用我国民间文艺作品制作的作品或引用我国的相关民族文化元素，应通过我国的文化或其他主管机关申请许可，在我国审批其没有对我国造成不良影响或作出歪曲形象的前提下批准利用我国民间文艺作品题材，并需向我国支付一定的费用。这就特别需要保护我国民间文艺作品的完整性权利。不少发达国家对发展中国家的民间文学艺术作品进行商业利用，美国利用我国的花木兰的民间故事所制作的电影就是一个很典型的例子。而对于另外一些为了迎合市场需求而对民间文学艺术作品的原有形式、内容进行歪曲、滥用的商业利用，这些行为破坏了民间文学艺术作品的真实性，也对民间文学艺术作品起源群体的感情和尊严造成了伤害。

(二)民间文化探源研究与实践中的民间文艺知识产权保护

民间文化起源地,是某一民间文化形态发祥、起源之地。民间文化形态万千、内容多样,往往是多源一体、多源多脉。因此,对各类民间文化样式起源地进行多学科深入研究,摸清家底,梳理文脉,抢救宝藏,进而构建知识产权体系,对于继承、弘扬中华优秀传统文化,建设文化强国,具有重要意义。

1. 民间文化探源工程

(1)民间文化起源地及其探源的内容、范围、分类、原则

民间文化起源地探源工程,是探索、梳理各种民间文化形态的发端、诞生、发展、演变的学术研究及在此基础上展开的相关文化实践活动。民间文化起源地研究的内容和范围包括民间文化起源地的源头根脉、起源发祥、演变发展、传承传播、地域特色、空间分布、民间传习、资源转化、赋能创新。按照民间文化分类,民间文化起源地研究对象可划分为两大类别,即物质文化形态民间文化起源地探源和非物质文化形态民间文化起源地探源。

物质文化形态民间文化起源地探源包括:①民间聚

落（各类民居、少数民族聚居地）起源地探源；②民间生产（农耕和手工作坊）方式、作物、工具起源地探源；③民间生活（衣食住行、婚丧嫁娶）方式及其器具、器物起源地探源；④民间行当、行业组织起源地探源。非物质文化形态民间文化起源地探源包括：①民间文学（如故事、神话、传说、史诗等）起源地探源；②民间表演艺术（如民歌民乐、舞龙舞狮、皮影戏等）起源地探源；③民间美术（如剪纸、木版年画、麦秆画等）起源地探源；④民间手工制作技艺（如木雕、泥塑、刺绣等）起源地探源；⑤民俗文化世相（如庙会香会、节日习俗、礼仪禁忌）等起源地探源。鉴于民间文化的特性，研究民间文化起源地，推动民间文化起源地探源工程，需要准确把握以下五个原则：

一是坚持民间文化起源地的多源一体、多源多脉原则。民间文化起源地，往往不是唯一的，而是多源多地。民间文化起源地研究与探源，主要是寻根溯源、梳理脉络、探明资源，而非仅仅去论证源头的唯一性。片面强调民间文化起源地的唯一性，以此作为研究和论证的主要目的，恰恰是民间文化起源地研究工作的重大误区，将使民间文化起源地探源失去应有的意义。例如，剪纸这一具有代表性的民间文化艺术形态，几乎在全国各地都有分布，各地剪纸艺术产生的时间有先有后，相邻地域的剪纸艺术形态之间也存在着传播承继的关系，形成了多源一体、多源多脉的局面。因此，对剪纸艺术起源地的研究，应结合某一地域的剪纸特殊艺术形态进行翔实的多学科探源，避免仅通过某一考古或史料记载就作出剪纸艺术"唯一起源地"这样简单的结论。

二是把握民间文化起源地研究的一般性与具体性相结合的原则。民间文化形态多样，丰富多彩，极具个性。研究民间文化起源，既要探寻一般规律，又必须针对具体形态。不能脱离具体的民间文化起源地形态作抽象、空洞的臆测、推论。

三是坚持民间文化起源地研究要从历史的、发展的、动态的视角把握的原则。民间文化形态具有多元性、流变性，随着时代的发展而发展，随着民间的、地域的流传而变化，而且往往缺少典籍、史料和文物的记录。因此，更需要从田野调查入手，通过实地调查与史料结合，厘清民间文化起源脉络，系统梳理民间文化发展线索和规律，为民间文化传承、发展奠定坚实基础。

四是坚持民间文化起源地研究要掌握时间、空间、民间三个研究维度相结合的原则。探寻民间文化起源地在时间、空间、民间三个维度上的传习、传播、发展、变化，既要借鉴历史学、地理学的研究方法，探索民间文化起源地的时空演变，也要从民族学、人类学、非物质文化遗产学的视角，探究民间文化起源地传承人的世代接续和民间文化起源地具体形态传习发展的规律。

五是把握好民间文化起源地研究与探源的择优原则，即具体的研究对象、研究范围的择优限定原则。研究对象要择优选择有影响、有传承、有价值、有发展的民间文化样式。避免将民间文化起源地庸俗化、泛化的倾向。

（2）民间文化起源地探源的价值和意义

第一，中国人素有认祖归宗的文化传统和追根溯源的民族特质，这是中华文明几千年薪火相传、文脉不断的根本缘由。民间文化起源地是中华优秀文化的重要组成部分，是民族文化不断向前发展的重要基因，是新时代增强文化自信的不竭泉源。对民间文化起源地的探究，可以系统梳理民间文化源流，剖析民间文化基因，从中获得启示，汲取力量，从民族根性文化和源头文化之中挖掘原生的动力和潜力，使之得到再创造、再发展、再前进的原发性活力与动力，从而实现优秀传统文化的创造性转化、创新性发展。

第二，作为"中国民间文化遗产抢救工程"的重要内容，民间文化起源地探源工程对于抢救濒危的民间文化遗产具有基础性作用。对于民间文化起源地及其演变、发展、传承、传播的系统研究和梳理，具有多元价值的民间文化形态，并通过多学科视角的审视辨析，不断促进各个民间文化形态研究深入开展。

第三，对民间文化起源地的探究，可以探明民间文化积淀的"库存"，开掘民间文化的富矿资源，用好民间文化起源活水，激发文化的凝心聚力、成风化人的独特作用，发时代之先声、开社会之先风、启智慧之先河，让古老的文化促进当代社会的变革前进和国家的兴旺发展，树立强大的文化自信，建设文化强国。

第四，民间文化起源地探源工程启动以来，完成了一系列具有重要价值和重大影响的研究课题，深化、扩展了地域文化研究的视角和力度，为地方政府提出了大量政策措施建议，为塑造地域文化品牌推动区域经济协调持续发展作出贡献。

第五，民间文化起源地文化探源工程中对跨境民族文化起源地的研究和论证，从时间、空间、民间三个维度明确了跨境民族民间文化的根脉属性，对于维护国家文化安全、巩固国家边防、掌握民族文化话语权等具有重要意义。同时，民间文化起源地文化的广泛传播，为讲好中国故事，推动"一带一路"建设，让中国文化走出去，在世界范围弘扬中华优秀传统文化发挥着越来越重要的作用。

第六，民间文化起源地探源工程不但注重寻根溯源、梳理文脉，而且更加注重优秀民间文化的传承与发展。该工程通过构建民间文化起源地知识产权体系，创造性地设计运用起源云网络平台、构建新型多业态的文化产业空间——起源馆、编制民间文化起源地信息数据标准、建设民间文化产业起源创始人数据库等方法，为民间文化的创造性转化、创新性发展作出了重要探索，取得了突破性进展。

2. 民间文化探源实践中的知识产权保护

民间文化起源地知识产权包括专利、商标、版权三个领域。运用好民间文化起源地知识产权，就要维系知识产权所有者、传播者与社会大众之间的利益平衡关系。版权作为其中一个重点领域，在民间文化探源实践中有重要意义。

（1）民间文化起源地知识产权体系构建

起源地文化探源工程开展实施后即制定了起源地文化知识产权保护方案。起源地（北京）文化传播中心向国家知识产权局申请了"中国起源地""中华源字号""中国旗袍文化节""中国葫芦文化节"等著作权保护，申请了"起源地""源字号"等300项全类别商标保护，获得了国家版权局和国家商标局颁发的证书，有效地保护了起源地文化知识产权。截至2021年8月，民间文化起源地探源工程已取得由国家版权局统一监制作品登记证书（版权）429件，包括中国旗袍文化节、中国年文化节、中国品牌文化节、中国葫芦文化节、中国起源地文化节、中国起源地文化论坛等。注册商标485件，包括起源地、源贡、源字号、起源馆、起源云、源宝、起源人等。

（2）民间文化起源地知识产权的特征

民间文化起源地知识产权保护分为商标权保护、专利权保护、著作权保护，主要内容包括民间文化、民间习俗、节日节庆、民间艺术、传统技艺、传承人、创始人、农耕文化、地名、民间品牌、综合等类别起源地的民间文化的知识产权保护。

民间文化起源地知识产权的保护是一个涉及国家文化安全、涉及区域性、团体权益和个体权益关系等方面的课题，具有其他领域知识产权保护不具备的特殊复杂性。有四个方面的特征：一是民间文化起源地的"多源一体"和"多源多脉"特性给寻根探源工作带来较大难度，从而导致"确权难"的问题；二是长期以来社会上对民间文化起源地品牌、知识产权意识淡薄，保护乏力，知识产权容易被剽窃，从而形成"观念淡"的问题；三是民间文化知识产权的维权周期长、成本高，从而导致"维权难"的问题；四是民间文化知识产权的应用价值和体现形式具有多面性，存在"不明确"的问题。

民间文化起源地知识产权保护具有广泛性和代表性。进入新时代，让民间文化起源地与时尚相结合，让民间文化起源地与国际潮流相融入，让隐藏在山水之间的乡风民俗成为社会热点，是民间文化起源地探源的责任和使命。其中，知识产权的保护和运用将会发挥更重要作用。做好民间文化起源地知识产权保护工作是激活文化资产价值的有力手段，只有通过实施全方位的、严格的知识产权保护，才能更好地激活和展示出民间文化起源地的多元价值。

（3）民间文化起源地知识产权的特色

首先，在地域文化创新发展中占据重要地位。

国家"十四五"规划强调，要以知识产权利益分享机制为纽带，以知识产权运营平台为载体，促进创新成果知识产权化、知识产权产业化，努力提升知识产权对国家经济社会发展的贡献度。文化产业的发展离不开知识产权制度和版权经济，作为现代化经济体系的重要指标之一，版权经济蕴含着巨大的发展潜力。如今我国在知识产权保护方面不断取得进展，文化创意产业与版权价值产业链的互补融合，是丰富我国文化产业收入模式的有效途径，而版权价值产业链的核心是保护著作权人的利益，以激励文化创新的积极性。起源地文化蕴含丰富的知识产权宝库，是中华优秀传统文化的重要组成部分，民间文化起源地的核心就是知识产权，未来起源地文化产业文化的核心动力、核心竞争力也是知识产权，知识产权保护与应用贯穿民间文化起源地传承创新发展的全过程。在地域文化（特别是县域文化）的创新发展中，起源地文化知识产权发挥的作用日益凸显。

其次，由保护向创新转型。

近年来，中国民协中国起源地文化研究中心致力于起源地文化知识产权的保护，如中国旗袍文化起源地、中国葫芦文化起源地、中国精卫文化起源地、中国饺子文化起源地、中国纸上刀绘文化起源地、盛京满绣文化起源地、中国美发行业文化起源地均已在国家版权局、国家知识产权局进行登记保护。起源地文化传播（北京）中心联合知识产权出版社出版了《中国起源地文化志系列丛书》之《中国旗袍文化》《中国葫芦文化》《中国精卫文化》《天妃文化在宁波》等。充分总结起源地文化知识产权保护的理论和经验,在此基础上开拓创新,积极建设起源云——中国文旅科教云平台、起源馆、起源人、起源库、品牌文化节、中国年文化节等创新项目,努力走好民间文化起源地知识产权转化创新之路。

(4)民间文化起源地知识产权管理情况

由起源地文化传播(北京)中心统一安排,负责产权管理工作,在服务好成员单位、合作单位及业务单位的知识产权注册受理工作前提下,拓展知识产权相关业务工作。人员构成以起源地文化传播(北京)中心为核心,内设项目负责人1名、业务人员若干、图文设计1名。

工作流程(以版权注册流程为例):

第一,梳理版权申请清单;

第二,整理、收集相关材料并确认;

第三,修改、确认、报价;

第四,整理文书、申请人签字(盖章);

第五,登记注册;

第六,国家知识产权局审查(周期三个月);

第七,下发证书。

（5）民间文化起源地知识产权保护与应用案例

以天津市宝坻区范制葫芦文化起源地课题研究和葫芦文化起源馆为例。2019年，范制葫芦文化起源地研究课题在宝坻开展并结项。范制葫芦知识产权体系建设随之开始。范制葫芦知识产权体系建设，围绕4个方面展开：

第一，范制葫芦行业标准制定，包括原料、种植、育种、制作、工艺等标准；

第二，范制葫芦制作技艺申报国家级民间文艺作品名录和国家级民间文艺作品传承人；

第三，范制葫芦及其系列文创产品的著作权、商标权、专利权注册；

第四，葫芦文化起源馆的知识产权体系建设，包括名称、标识、外形、结构、设计、系列产品、系列品牌、系列活动、相关发明等的版权、商标注册等。

附件一 2022年度中国版权保护中心版权研究课题结项申请书

课题名称	民间文化艺术版权保护问题研究
承担单位	起源地文化传播（北京）中心
协作单位	中国文联民间文艺艺术中心 中国民间文艺家协会中国起源地文化研究中心
课题负责人	刘德伟
填报日期	2023年3月15日

一、基本情况

课题名称	民间文化艺术版权保护问题研究		
计划完成时间	2022年12月31日	实际完成时间	2023年3月31日
课题经费	批准经费：3万元；已拨经费：0万元；支出：5万元		
最终成果名称	民间文化艺术版权保护问题研究	字数31千字	
成果主要形式	研究（咨询）报告☐论文（专利）☐专著（书稿）☐其他		
课题负责人	姓名	刘德伟	所在单位	中国文联民间文艺艺术中心、中国民间文艺家协会中国起源地文化研究中心
	职务	智库专家委员会主任	职称	研究员
	联系电话	139×××××2267	E-mail	xxzx@qiyuandi.cn

	姓名	单位	职称	承担任务
主要参加人员	刘德伟	中国文联民间文艺艺术中心，中国民间文艺家协会中国起源地文化研究中心	研究员	负责课题研究整体工作
	万建中	中国民间文艺家协会，北京师范大学	教授	负责课题学术指导
	林继富	中国民间文艺家协会，中央民族大学，中国民协起源地文化研究中心	教授	负责课题专家论证工作
	陈少峰	北京大学文化产业研究院专家委员会，中国民间文艺家协会中国起源地文化研究中心	教授	负责课题专家论证工作
	李竞生	中国民间文艺家协会中国起源地文化研究中心	执行主任	负责课题调研论证、评审联络等工作
	曹莹	中国民间文艺家协会中国起源地文化研究中心	副主任	负责课题研究、财务、数据图书等材料购买工作
	唐磊	起源地文化传播（北京）中心	副主任	负责课题研究、信息数据采集分析、报告排版、报告印刷、会务宣传等工作

二、课题主要阶段性成果

序号	成果名称	成果形式	作者	刊物年期、出版社和出版日期、使用单位
1	民间文学作品版权保护的特殊性	课题报告	刘德伟	
2	民间文艺版权保护存在的主要问题研究	课题报告	刘德伟	
3	《民间文学艺术作品著作版权保护条例（征求意见稿）》解析	课题报告	刘德伟	

续表

序号	成果名称	成果形式	作者	刊物年期、出版社和出版日期、使用单位
4	《民间文学艺术作品著作权保护条例》建议	课题报告	刘德伟	
5	民间文艺版权保护应用实践	课题报告	刘德伟 李竞生 唐 磊	

注：（1）课题组的主要阶段性成果，请按项目负责人、课题研究任务主要承担者、课题组一般成员的顺序填写。可加行、加页。

（2）主要阶段性成果的重要转摘、引用和应用情况可详细说明。

三、课题完成的总体情况

1. 课题预期研究计划的执行情况；2. 成果研究内容及方法的创新程度、突出特色和主要建树；3. 资料收集和数据采集情况；4. 成果的学术价值和应用价值，以及社会影响和效益；5. 成果存在的不足或欠缺，尚需深入研究的问题等。（2000字以内）

1. 课题预期研究计划的执行情况

2022年3—4月前期准备阶段，主要开展课题大纲设置、文献搜集、资料分析等工作，邀请十余位课题组成员参与课题研究工作，于4月底明确课题大纲和具体分工。

2022年5—8月研究分析阶段，根据分工开展田野调查、案例分析等工作，每两周召开研讨会进行研究、交流。

2022年9—10月，根据前期搜集的资料数据、田野调查报告、专家意见观点，撰写课题报告。

2022年11—12月，召开民间文化艺术版权保护问题研究课题组专家研讨会，对课题报告初稿进行评审，于2023年3月31日前完成"民间文化艺术版权保护问题研究"课题报告终稿，并进行合议，正式提交课题研究成果。

2. 成果研究内容及方法的创新程度、突出特色和主要建树

一是界定民间文化艺术领域的若干概念，分层次梳理不同民间文艺表现形式；二是对版权保护民间文艺做出内容分类，聚焦民间文艺版权保护存在的主要问题，对《民间文学艺术作品著作权保护条例（征求意见稿）》重点条款进行解析并给出建议；三是聚焦民间文艺版权保护的实践和操作，推动民间文化艺术版权的活化利用，结合个案进行具体分析，为民间文化艺术资源的保护给出解决方案，在保护的基础上促进民间文艺资源的创造性转化和创新性发展。

3. 资料收集和数据采集情况

课题研究成果在充分收集吸收了中国文联权益保护部编著的《中国文联文艺维权手册与案例选编（2009—2012）》等 20 余项文献资料。并在安徽马鞍山、江西景德镇、四川泸州、河北内丘、河南民权、黑龙江牡丹江等地进行实地调查，调查过程中拍摄图片 600 余张，采集文字 5 万余字。

4. 学术价值、应用价值或社会影响

民间文化艺术版权保护研究课题内容包括理论研究、立法研究、应用研究、案例研究，紧密结合文化强国战略，对于守护我国文化安全，保护民间文艺资源，保护大众的创作权、所有权具有重要价值。课题将民间文化形态分层级、分类型进行版权保护研究，对建立民间文化艺术版权保护体系具有重要参考价值。

课题综合分析了民间文化艺术版权保护现状和存在的主要问题，为民间文化艺术版权保护立法给出了参考建议。

课题积极推动了江西省景德镇陶瓷、福建福州石雕、福建莆田木雕、沈阳盛京满绣、河北内丘金花葵、山东邹城和安徽亳州中医药等民间文化艺术领域的版权保护实践，通过实地调研、现场咨询调动了一批民间文化艺术创作者的版权保护意识。如沈阳盛京满绣通过指导农村妇女绣娘绣箱包、旗袍、饰品，统一注册版权、商标，规范市场售卖，有效助力乡村振兴。同时，通过专题培训、田野调查、政策咨询为地方政府（宣传部、文旅局）民间文化艺术资源的保护给出方案。

5. 成果存在的不足或欠缺，尚需深入研究的问题

尚要更加注重民间文化艺术数字版权的保护，数字化赋能民间文艺创作；尚需对民间文艺作品视阈下的民间文艺版权保护进行深入研究；尚需要开展多维度、多方向的子课题研究，形成一个持续性、可发展性、深层次的研究体系；尚需形成《民间文化艺术版权保护年度报告》和《民间文艺版权保护研究》（专著）。

注：本表可加页。

四、最终成果简介

1. 最终研究成果的框架和基本内容；2. 研究内容的前沿性和创新性；3. 研究方法；4. 学术价值、应用价值或社会影响等。（2000 字以内，供介绍、宣传、推广成果使用）

1. 最终研究成果的框架和基本内容

研究成果框架：

一、民间文艺的特殊性及其版权保护的迫切性
（一）民间文学作品的特殊性
（二）民间艺术作品的特殊性
（三）民俗文化的特殊性
（四）民间文艺作品与非物质文化遗产法律保护的区别
（五）民间文艺作品版权保护的迫切性
二、民间文艺版权保护存在主要问题研究
（一）权利主体的不确定性
（二）权利客体的不确定性
（三）保护对象归类、范围、期限难以界定
（四）作品源的保护和流的发展平衡问题
（五）署名权容易得到而财产权难以保护
（六）诉讼战线长耗费维权者时间精力
（七）民间文艺工作者维权意识薄弱维权能力弱
三、《民间文学艺术作品著作权保护条例（征求意见稿）》解析与建议
（一）《民间文学艺术作品著作权保护条例》重点条款解读
（二）制订《民间文学艺术作品著作权保护条例》的建议
四、运用知识产权保护传承发展优秀传统民间文化
（一）如何运用版权保护传承优秀传统民间文化
（二）民间文化探源研究与实践中的民间文艺版权保护

研究成果的基本内容：

民间文化艺术版权保护研究课题是民间文化艺术领域的重要研究项目，也是国家知识产权保护体系的重要组成部分。课题目标是深入探讨民间文化艺术的知识产权保护理论，研究梳理民间文艺版权保护研究领域的相关问题和学术争议，探索解决问题的路径和方法，为民间文化艺术资源的创造性转化、创新性发展奠定基础。通过对民间文化艺术版权保护研究及保护现状的综合研究，深化对民间文化艺术版权保护、版权交易、版权发展领域规律的认识；结合近年来学术研究和社会实践发展，对《民间文学艺术作品著作权保护条例（征求意见稿）》进行解析，提出修订建议；增进民间文化艺术版权保护共识，促进民间文化艺术版权保护与利用。

2. 研究内容的前沿性和创新性

民间文化艺术版权保护研究课题成果是开展民间文化艺术抢救保护、传承传播、创新发展工作的重要基础，课题组在课题研究基础上进一步深入开展了民间文化艺术知识产权保护体系建设、民间文化艺术品牌标准规范的制定、民间文化艺术优秀品牌塑造、民间文化艺术助力乡村振兴战略研究、民间文化艺术产业规划策划、民间文化艺术传承传播策划方案的实施、民间文化艺术传承人才培养等一系列工作，推动民间文化艺术创造性转化和创新性发展。

3. 课题研究方法

课题使用田野调查、网络调研、文献研究、数据分析、个案研究、问卷调查、口述史访谈、专家论证等方法。

4. 学术价值、应用价值或社会影响

民间文化艺术版权保护研究课题包括理论研究、立法研究、应用研究、案例研究，紧密结合文化强国战略，对于守护我国文化安全，保护民间文艺源头，保护人民的创作权、所有权具有重要价值。课题将民间文化形态分层级、分类型进行版权保护研究，对建立民间文化艺术版权保护体系和标准具有重要价值。课题重点探讨了民间文化艺术版权保护存在的主要问题和解决路径，为国家民间文化艺术版权保护立法给出了参考建议。

课题积极推动了江西省景德镇陶瓷、福建福州石雕、福建莆田木雕、沈阳盛京满绣、河北内丘金花葵、山东邹城和安徽亳州中医药等民间文化艺术领域的版权保护实践，通过实地调研、现场咨询调动了一大批民间文化艺术创作者的版权保护意识。如沈阳盛京满绣通过指导农村妇女绣娘绣箱包、旗袍、饰品，统一注册版权、商标，规范市场售卖，有效助力乡村振兴。同时，通过专题培训、田野调查、政策咨询为地方政府（宣传部、文旅局）民间文化艺术资源的知识产权保护给出具体方案。

附件二 《民间文化艺术版权保护问题研究课题》开题研讨会

综述

2022 年 11 月 8 日，中国版权保护中心 2022 年度版权研究课题《民间文化艺术版权保护问题研究》课题开题研讨会在京举行。《民间文化艺术版权保护问题研究课题》是中国版权保护中心于 2022 年 5 月立项的 2022 年度版权研究课题项目。该课题旨在推动民间文化艺术版权保护的深入研究和高质量发展，对于加强民间文艺资源的知识产权保护，促进民间文艺活态传承与创新发展，使中华优秀传统文化活起来、传下去具有基础性作用。

参加开题研讨会的有：中国版权保护中心党委委员、副主任张有立，中国版权保护中心研究部主任赵香，北京大学教授、博士生导师、北京大学文化产业研究院学术委员会主任陈少峰，中国民间文艺家协会副主席、北京师范大学教授、博士生导师、北京师范大学民间文学研究所所长万建中，中国民间文艺家协会副主席、中央民族大学教授、博士生导师林继富，中国文联民间文艺艺术中心研究员、中国起源地智库专家委员会主任刘德伟，中国民协中国起源地文化研究中心执行主任、起源地文化传播（北京）中心主任李竞生，中国民协中国造像艺术委员会主任郑鑫，福建工艺美术大师谢麟，北京峰火文创科技有限公司执行董事，华云汇文化科技有限公司执行董事，北京峰火文创中心主任助理陈宴狄等。与会专家围绕课题研究的方向、理论、方法进行了深入的交流研讨。

林继富教授、刘德伟主任、李竞生主任为民间文化艺术版权保护研究课题开题

中国版权保护中心党委委员、副主任张有立线上发言

张有立副主任欢迎各位领导专家参加本次研讨会，感谢各位专家关心支持我国版权保护事业的发展，并对中国版权保护中心作了详细介绍。他表示，民间文化艺

术版权保护研究是中国版权保护特别需要强化的研究领域，我国的民间文化艺术版权保护研究急需深入开展，民间文艺版权保护制度亟需建立健全。张有立副主任代表中国版权保护中心肯定了课题组前期筹备工作，对民间文化艺术版权保护研究课题的开题表示祝贺，中国版权保护中心会对课题承担单位提供服务，希望课题组在专家指导下，厘清民间文艺版权保护的一些重要概念，梳理清楚民间文艺版权保护研究的脉络，推动民间文艺版权研究和制度建设高质量发展。

课题负责人、中国文联民间文艺艺术中心研究员、中国起源地智库专家委员会主任刘德伟主持会议并汇

报课题筹备情况和课题研究规划。他说，民间文化艺术版权保护研究课题是民间文化艺术领域的重要研究项目，也是国家知识产权保护体系的重要组成部分。课题目标是深入探讨民间文化艺术的知识产权保护理论，研究梳理民间文艺版权保护研究领域的相关问题和学术争议，探索解决问题的路径和方法，为民间文化艺术资源的创造性转化、创新性发展奠定基础。课题将通过田野调查、网络调研、文献研究、个案研究、口述史访谈、专家论证等方法，通过对民间文化艺术版权保护研究及保护现状的综合研究，深化对民间文化艺术版权保护、版权交易、版权发展领域规律的认识；结合近年来学术研究和社会实践发展，对《民间文学艺术作品著作权保护条例（征求意见稿）》进行解析；增进民间文化艺术版权保护共识，促进民间文化艺术版权保护与利用。民间文化艺术版权保护研究，课题成果是开展民间文化艺术抢救保护、传承传播、创新发展工作的重要基础，课题组将在课题研究基础上进一步深入开展民间文化艺术知识产权保护体系建设、民间文化艺术品牌标准规范的制定、民间文化艺术优秀品牌塑造、民间文化艺术助力乡村振兴战略研究、民间文化艺术产业规划策划、民间文化艺术传承传播策划方案的实施、民间文化艺术传承人才培养等一系列工作，大力推动民间文化艺术创造性转化和创新性发展。

北京大学教授、博士生导师、北京大学文化产业研究院学术委员会主任、中国起源地总策划师陈少峰线上发言研讨

陈少峰教授表示，民间文化艺术版权保护研究课题是推动民间文化高质量发展的新动力，是推动民间文化产业化的重要基础。在开展课题研究工作的同时，建议要更加注重民间文化艺术数字版权的保护，开展多维度、多方向的子课题研究，形成一个持续性、可发展性、深层次的研究体系，形成《民间文化艺术版权保护年度报告》。

中国民间文艺家协会副主席、北京师范大学教授、博士生导师、北京师范大学民间文学研究所所长、中国起源地智库专家万建中线上发言研讨

万建中教授表示，民间文化艺术版权保护研究课题的开题恰逢其时，是助力加快构建中国话语和中国叙事体系的重要举措，也是新时代下必须解决、亟待解决的问题，只有保护好民间文化艺术的版权，才更鼓励民间文化艺术的创作发展，维护民间文化领域秩序运行，在课题研究过程中，要为民间文化艺术资源的保护给出方案，同时要进行个案具体分析，找出民间文化艺术版权保护发展规律，为国家民间文化艺术版权保护立法给出参考建议。

中国民间文艺家协会副主席、中央民族大学教授、博士生导师林继富发言研讨

林继富教授表示，民间文化艺术版权保护研究课题内容具有合理性、科学性，课题内容有理论研究、技术研究、艺术研究、案例研究，紧密结合了文化强国战略，对于守护我国文化安全，保护人民的创作权、所有权具有重要价值和意义，将是民间文化工作者、创作者的保护和发展指南。我国民间文化资源丰富，如何将民间文化资源转化为民间文化资产，打造具有区域代表性的民间文化品牌是课题组要进行研究的重大问题，同时建议课题内容将民间故事、民间歌谣、民间节庆等民间文化

形态分层级、分类型进行版权保护研究，建立民间文化艺术版权保护体系和标准。

中国民协中国起源地文化研究中心执行主任、起源地文化传播（北京）中心主任李竞生发言

李竞生主任表示，民间文化艺术版权保护研究课题重要目的是为民间文化艺术工作者、创作者服务，将民间文化艺术资源转化为民间文化资产，打造民间文化艺术品牌。起源地文化传播（北京）中心是起源地文化传播、研究与发展的专业机构，下一步，起源地文化传播（北京）中心将以课题研究的阶段性成果为基础，开展民间文化艺术寻根探源系列活动和学术研究工作。

以实际行动讲好中国民间文化故事。

民间文化艺术版权保护研究课题立项后，在版权保护中心指导下，在中国民协、中国文联民间文艺中心和实施单位起源地文化传播中心的共同努力下，组织成立了民间文化艺术版权保护研究课题组，课题组开展了资料收集、文献检索、前期调研等基础性工作。并聘请相关高校和科研单位的知识产权保护、民间文化艺术、文化产业等领域的专家学者作为课题指导专家。开题后，将在专家指导下，分步骤、分专题开展课题研究。

民间文化艺术版权保护研究课题研讨会现场

民间文化艺术版权保护研究课题研讨会
中国版权保护中心会场

民间文化艺术版权保护研究课题研讨会
起源地文化传播（北京）中心会场

民间文化艺术版权保护问题研究课题

附件三　民间文艺版权保护与运用研讨会综述

民间文艺是中华优秀传统文化的重要组成部分，加强民间文艺版权研究，将对推动民间文艺版权保护、激活民间文艺版权价值、促进中华文化更好地走向世界发挥积极作用。

2022年11月28日，中国版权保护中心2022年度版权研究课题组成功举办"民间文艺版权保护与运用研

讨会",并通过网络平台在线进行了公益直播。

研讨会以立项课题内容为中心,从理论与实践不同角度出发,共同探究民间文艺版权保护与运用的新路径。5个民间文艺版权研究课题组进行主旨发言,来自西南政法大学、北京师范大学、中南财经政法大学的3位教授作为特邀专家进行研讨交流,版权中心党委书记、主任孙宝林作总结发言。

研讨会由中国文联民间文艺艺术中心研究员、中国起源地智库专家委员会主任刘德伟主持。他表示，民间文艺的固有特征使该领域的版权保护工作特殊而复杂，需从概念层面厘清保护对象的内容、范围、特征，以奠定民间文艺版权保护的基础；在立法层面，平衡"源"的保护与"流"的创新发展是重中之重。

中国民协中国起源地文化研究中心执行主任、起源地文化传播（北京）中心主任李竞生以"民间文化艺术版权保护问题研究"为题进行发言，内容分三个方面：一是界定民间文化艺术领域的若干概念，分层次梳理不同的民间文艺表现形式；二是分类明确所需保护的民间文艺的内容，增进版权保护共识，并推动民间文化艺术版权的活化利用；三是聚焦民间文艺版权保护的实践性和操作性问题，如何进行版权保护，如何在保护的基础

上实现创造性转化和创新性发展，这是整个课题最核心的部分。

中国政法大学法律硕士学院讲师张宪以"民间文学艺术的专门立法模式研究"为题进行发言。首先，她简要介绍了民间文艺版权保护面临的理论难题，即专有权保护与公有领域二者间的冲突。之后，依次分析了民间文学艺术的保护原则、内涵和外延、权利归属、权利保护及限制等四方面问题。最后，阐述了民间文艺专门立法的意义，这不仅是中国深度参与知识产权全球治理的重要环节，而且有助于实现传统文化强有力的国际输出，进而提升我国知识产权制度的国际认可度。

昆明理工大学法学院、云南省知识产权发展研究院李丽辉以"少数民族地区非物质文化遗产的版权保护和品牌打造研究"为题进行发言。她从云南省版权工作的现实背景切入，针对目前存在于版权纠纷、地域差异、

确权登记等方面的问题，提出两条课题思路：一是关注非物质文化遗产的版权保护；二是借助品牌打造的途径走出当下版权保护的困境。此外，李丽辉副教授还就增强民间主体保护意识、运用叠加保护方法、全面理解品牌打造路径等问题发表了自己的观点。

湖北省版权保护中心编辑左尚鸿以"民间文学艺术作品权利人基本诉求"为题进行发言。内容紧紧围绕民

歌《龙船调》版权纠纷这一典型案例展开。他详细梳理了《龙船调》登记确权纠纷的成因与现状，并分别列举所涉及的四方权利人诉求。对此他提出三点主张：一是区分文化与作品，防止保护客体民间文艺作品化；二是区分作者与非作者，防止权利主体泛化；三是确立原则机制，防止有效权利公共化。

民间文艺版权保护与运用研讨会

《中国版权》杂志社副总编辑、法学博士李劼以"中国民间文学艺术版权保护办法研究"为题进行发言。三部分内容层层递进：首先，准确理解、把握民间文学艺术的内涵是民间文学艺术智力成果获得更好版权保护的前提；由此更进一步，从规则层面厘清民间文学艺术版权的权利边界，重塑民间文学艺术的版权保护机制；最后，在观念层面弘扬民间文学艺术的主流价值，为中华传统文化的创造性转化、创新性发展贡献版权保护的助推作用。

研讨交流环节，三位特邀专家分别围绕民间文艺版权保护与运用问题发表见解。

西南政法大学民商法学院教授黄汇对于民间文艺立法及公共政策安排提出三个要点：一是注重自上而下的顶层设计与自下而上的民间诉求之间的有效结合；二是全面把握国际和国内这对范畴，既指在遵守国际公约的同时提出灵活多样、富有民族性的中国方案，又指在国内层面高度强调利益平衡的同时，在国际层面实现民间文艺保护国家主权利益的最大化；三是重视协同保护，具体包括制度协同和部门协同，这或将成为实现我国民间文艺国家主权利益最大化的重要手段。

中国民间文艺家协会副主席、北京师范大学民间文学研究所所长万建中教授表示，"民间文艺"与"民

间化的文艺"二者不可等量齐观,正确认定民间文艺是对其保护传承的基础。他论述了民间文艺认定的三个维度:一是生活范式的表演状态,相关活动嵌入当地生活语境,完全出自生活节律和身体释放的需要;二是空间维度,民间文艺由一个特定群体在其原生表演场域上共同实现;三是时间维度,表演范式不断重复,这一与生俱来的机制保障了民间文艺的传承性。

中南财经政法大学知识产权学院院长黄玉烨教授就民间文艺版权立法问题提出几点构想：保护模式上，应为民间文艺构建一种特殊的、有别于现行《著作权法》的权利保护体系；针对权利主体与保护对象，需区分其涉及的是原生态民间文艺抑或民间文艺衍生品，此外不应忽视民间文艺搜集整理者的权利主体地位；权利内容上，在赋予权利人一定精神权利的同时，赋予其有限制的经济权利，以平衡民间文艺私权保护和公共利益之间的关系；版权管理方面，建议成立专门机构维护权利人合法权益，同时加强民间文艺数据库建设，并设立民间文艺公共基金。

最后，中国版权保护中心党委书记、主任孙宝林作总结发言。孙宝林主任首先对参会专家和课题组成员表达衷心感谢，并提出四点体会：一是在现行《著作权法》

框架下，将相关问题表述为"民间文艺版权保护"还是"民间文艺作品版权保护"值得进一步探讨；二是鉴于民间文艺的特殊性，相关的版权保护法规也应更具包容性；三是注重区分民间文艺的精神权和财产权，注重区分原始状态、族群代代相传、一定公有领域下的民间文艺，与经过整理、传承人二次加工的民间色彩文艺作品，守好民间文艺源头，层次分明地开展版权保护工作；四是把握国内与国际的对立统一，内重平衡与创作激励，外重中国主权利益，共同保护弘扬中华优秀传统文化。孙宝林主任提出，要学习贯彻党的二十大精神，坚持系统观念，坚持胸怀天下，以历史的观点分析问题，提出对策，扎实推进工作，在民间文艺版权保护领域为全球展示中国范本。

附件四　民间文艺版权保护问题研究课题组 田野调查综述

2022年6月至2023年3月，民间文艺版权保护问题研究课题组赴江西省景德镇、福建福州、黑龙江北大荒、辽宁沈阳、广东湛江、河南郑州、河北内丘、山东邹城、四川泸州、安徽亳州地等调研民间文化艺术领域的版权保护和实践工作，通过实地调研、现场咨询调动了一大批民间文化艺术创作者的版权保护意识。如沈阳盛京满绣通过指导农村妇女绣娘绣箱包、旗袍、饰品，统一注册版权、商标，规范市场售卖，有效助力乡村振兴。同时，通过专题培训、田野调查、政策咨询为地方政府（宣传部、文旅局）民间文化艺术资源的知识产权保护给出具体方案。

2023年3月14日至17日，民间文艺版权保护问题研究课题组刘德伟组长一行赴四川泸州实地调研浓香型白酒文化。图为课题组专家在泸州老窖黄舣酿酒园区调研

2023年3月4日，民间文艺版权保护问题研究课题组刘德伟组长一行赴安徽亳州实地调研中医药文化。图为课题组专家在亳州济人药业调研

2023年3月1日至2日，民间文艺版权保护问题研究课题组专家陈少峰教授一行赴山西省长治市长子县调研中医药百草文化、精卫文化。图为专家组在发鸠山调研

2022年11月19日至21日，民间文艺版权保护问题研究课题组刘德伟组长一行在四川省甘孜州稻城县调研古村落文化

2022年9月21日至22日，民间文艺版权保护问题研究课题组刘德伟组长一行赴河北内丘调研金花葵文化。图为课题组专家在金花葵种植基地调研

2022年8月2日至5日，民间文艺版权保护问题研究课题组刘德伟组长一行赴北大荒农垦集团有限公司牡丹江分公司调研奶仓文化。图为课题组专家在安兴奶牛养殖合作社实地调研

2022年7月11日至12日，民间文艺版权保护问题研究课题组刘德伟组长一行赴河南民权县调研庄子文化、文子文化、明清黄河故道文化、葵丘会盟文化和江淹文化

2022年6月26日，民间文艺版权保护问题研究课题组刘德伟组长一行赴湖北房县调研黄酒文化。图为课题组专家在尹吉甫镇宝堂寺调研

后　记

本书力图对近年来民间文艺版权保护进行系统梳理，对民间文艺版权保护现状进行综合分析，探究民间文艺版权在学术研究、立法保护、司法实践、版权交易等环节存在的问题，并结合相关社会实践，探索适用于民间文艺版权保护和应用的方法，从而为增进民间文艺版权保护共识，促进民间文艺版权保护与利用，保护民间文艺作品及创造者的合法权益，保护和激发民间文艺创造力，为民间文艺资源的创造性转化、创新性发展奠定坚实基础。

本书得到了专家悉心指导。中国民间文艺家协会分党组书记、副主席邱运华教授，北京大学陈少峰教授，北京师范大学万建中教授，中央民族大学林继富教授等著名学者对本书提出了宝贵意见和建议。本书还得到了中国版权保护中心研究部赵香主任等专家的指导。同时，本书征求了部分民间文艺、法学理论、版权保护、文化产业领域的专家学者以及地方从事版权保护实践的同志们的意见，并采纳了很多好的建议。在此，谨向大家表示衷心感谢！

宁夏人民出版社承担了本书的编辑出版工作，在编辑加工、印刷制作等方面给予全方位协助。责任编辑在编辑出版过程中做了大量的统筹、协调、编审工作，本书选取了中国民协许多同事和作者多年来共同开展的民间文艺版权保护调查的多个案例，李竞生、曹莹、唐磊等全程参与课题研究和调研，并承担全书的摄影、图片编辑加工等工作，在此一并表示诚挚的感谢！

本书旨在对民间文艺作品版权保护的研究和实践做出思考和探索。由于作者水平所限，不足之处，敬请同行和广大读者批评指正。

愿我们一起继续深入研究民间文艺版权保护，为中华优秀传统文化的传承发展不断做出新贡献。

作者

2023 年 7 月